Böcker/Hardtke (Hrsg.) · Schlüsselkompetenzen in der Telekommunikation

Jens Böcker/Christoph Hardtke (Hrsg.)

Schlüsselkompetenzen in der Telekommunikation

Analysen und Erfahrungen
des Liberalisierungsprozesses

Prof. Dr. Jens Böcker lehrt die Fächer Allgemeine Betriebswirtschaftslehre und Marketing an der Fachhochschule Bonn-Rhein-Sieg in Sankt Augustin und ist darüber hinaus als Unternehmensberater im IT- und TK-Markt tätig.
E-mail: Jens.boecker@fh-rhein-sieg.de

Dr. Christoph Hardtke ist Bereichsleiter der Diensteentwicklung der Mannesmann o.tel.o GmbH in Köln.
E-mail: ch_hardtke@yahoo.de

Die Deutsche Bibliothek – CIP-Einheitsaufnahme
Ein Titeldatensatz für diese Publikation ist bei
Der Deutschen Bibliothek erhältlich.

1. Auflage März 2001

Alle Rechte vorbehalten

© Betriebswirtschaftlicher Verlag Dr. Th. Gabler GmbH, Wiesbaden 2001
Lektorat: Barbara Roscher / Jutta Hinrichsen

Der Gabler Verlag ist ein Unternehmen der Fachverlagsgruppe BertelsmannSpringer.

Das Werk einschließlich aller seiner Teile ist urheberrechtlich geschützt. Jede Verwertung außerhalb der engen Grenzen des Urheberrechtsgesetzes ist ohne Zustimmung des Verlages unzulässig und strafbar. Das gilt insbesondere für Vervielfältigungen, Übersetzungen, Mikroverfilmungen und die Einspeicherung und Verarbeitung in elektronischen Systemen.

www.gabler.de

Höchste inhaltliche und technische Qualität unserer Produkte ist unser Ziel. Bei der Produktion und Verbreitung unserer Bücher wollen wir die Umwelt schonen. Dieses Buch ist deshalb auf säurefreiem und chlorfrei gebleichtem Papier gedruckt. Die Einschweißfolie besteht aus Polyäthylen und damit aus organischen Grundstoffen, die weder bei der Herstellung noch bei der Verbrennung Schadstoffe freisetzen.

Die Wiedergabe von Gebrauchsnamen, Handelsnamen, Warenbezeichnungen usw. in diesem Werk berechtigt auch ohne besondere Kennzeichnung nicht zu der Annahme, dass solche Namen im Sinne der Warenzeichen- und Markenschutz-Gesetzgebung als frei zu betrachten wären und daher von jedermann benutzt werden dürften.

Konzeption und Layout des Umschlags: Ulrike Weigel, www.CorporateDesignGroup.de

ISBN-13: 978-3-409-11766-1   e-ISBN-13: 978-3-322-82347-2
DOI: 10.1007/978-3-322-82347-2

Vorwort

Nachdem ich in meiner Zeit als Postminister die Möglichkeit hatte, die grundlegenden Weichenstellungen für die Liberalisierung des Telekommunikationsmarktes zu legen, freue ich mich nun natürlich ganz besonders darüber, die vielfältigen Ergebnisse dieses Prozesses miterleben zu können und in dem ein- oder anderen Fall als Unternehmensberater auch aktiv begleiten zu können. Mit dem Liberalisierungsprozess wurde zum ersten Mal in Deutschland ein Monopol aufgehoben, welches nahezu alle Bereiche des öffentlichen und privaten Lebens berührte. In der Folge entstand ein bis dahin nicht existierender neuer Markt mit eigenen spezifischen Gesetzmäßigkeiten, wie z. B. hohe Wettbewerbsintensität, starker Preisverfall, aufwendige Gewinnung von Neukunden oder ein leergefegter Arbeitsmarkt.

Allein in dem Segment der Ferngesprächsanbieter stehen heute ca. 150 Anbieter - mit und ohne eigene Infrastruktur – im Wettbewerb. Dies führt zu einem bisher nie dagewesenen Konkurrenzdruck im Telekommunikationssektor, von dem vor allem die Verbraucher profitieren. In diesem Konkurrenzkampf kommt es darauf an, das Geschäft effizient zu managen, um dem hohen Entwicklungstempo des Marktes Rechnung zu tragen. Die besondere Herausforderung für das Management zu Beginn der Liberalisierung ist, dass so gut wie keine Erfahrungswerte bezüglich der Entwicklung dieses Marktes vorliegen. Aus heutiger Sicht erscheint es deshalb wichtig, die seit dem Beginn der Liberalisierung gewonnenen Erfahrungen zu analysieren und die sich daraus ergebenden Erfolgsfaktoren zu diskutieren.

Hier setzt das vorliegende Buch mit seinen Analysen der Schlüsselkompetenzen in der Telekommunikation an. Die Autoren – ausnahmslos Marktexperten – decken mit den vielfältigen Beiträgen über Marketing- und Internationalisierungsstrategien, Effizienz der Diensteentwicklung bis hin zum Personalmanagement ein breites Themenspektrum ab. Erfahrungen aus der Praxis werden dabei in das theoretische Marketingwissen eingeordnet und daraus methodische Ansätze für erfolgreiche Unternehmensstrategien abgeleitet.

Gerade wegen dieses analytischen Ansatzes ist das vorliegende Buch ein interessanter Leitfaden für Unternehmen, die sich in einem derart dynamischen und schnelllebigen Markt wie dem Telekommunikationsmarkt etablieren und behaupten wollen. Es bietet interessierten Managern von Unternehmen ebenso wie Studierenden der Wirtschaftswissenschaften einen umfassenden Einblick in den Telekommunikationsmarkt und seine spezifischen Erfolgsfaktoren.

Den Autoren ist dafür zu danken, dass sie, trotz ihrer hohen beruflichen Belastung, das Engagement aufgebracht haben, ihr Wissen und ihre Erfahrungen zu dokumentieren und damit einen wichtigen Beitrag zum Verständnis des neuen Telekommunikationsmarktes in Deutschland zu leisten.

Dr. Christian Schwarz-Schilling

Inhaltsverzeichnis

Vorwort V

Autorenverzeichnis IX

Der Kunde im Fokus! 1
Jens Böcker

Dienstleistungsentwicklung in der Telekommunikation 23
Christoph Hardtke

Internationalisierung in der Telekommunikation 55
Marc Mansfeld

Personalknappheit – Risikofaktor für die TK-Branche 77
Rolf Scheuten

Differenzierung und Nischenstrategien im Telekommunikationsmarkt 113
Jürgen Schulz

Autoren:

Prof. Dr. **Jens Böcker,** Diplom Kaufmann, lehrt die Fächer Allgemeine Betriebswirtschaftslehre und Marketing an der Fachhochschule Bonn-Rhein-Sieg. Vorher war er bei der Mannesmann o.tel.o GmbH in Köln für das Geschäftsfeld Reseller und Service Provider verantwortlich sowie als Marketingberater bei der Unternehmensberatung Simon, Kucher & Partner GmbH in Bonn tätig.

Dr. **Christoph Hardtke,** Diplom Physiker, ist Bereichsleiter der Diensteentwicklung der Mannesmann o.tel.o GmbH in Köln. Er hat nach seiner Promotion zum Dr.-Ing. der Elektrotechnik seine berufliche Laufbahn bei der Philips Kommunikations Industrie in Nürnberg GmbH als Vertriebsingenieur begonnen. Anschließend war er als Key Account Manager bei der Lucent Technologies GmbH in Bonn für die Zusammenarbeit mit neuen Carriern verantwortlich.

Dr. **Marc Mansfeld,** Diplom Chemiker, ist derzeit bei einem internationalen Telekommunikationsunternehmen. Nach seiner Tätigkeit im internationalen Bereich ist er nun für strategische Fragestellungen im Internetbereich verantwortlich. Vorher war er bei der Mannesmann o.tel.o GmbH im Marketing und Projektmanagement für Großkunden sowie als Berater bei der internationalen Unternehmensberatung The Monitor Company tätig.

Dr. **Rolf Scheuten,** Diplom Volkswirt, ist Partner und Vorstand der Personalberatung a_priori international AG. Zuvor war er in verschiedenen leitenden Vertriebs- und Marketingpositionen in der Unterhaltungselektronik und im Handel tätig. Zu den zentralen Managementaufgaben zählte die Entwicklung von Unternehmensstrategien für Netzbetreiber sowie Service Provider im Mobilfunk.

Dr. **Jürgen Schulz,** Diplom Informatiker, ist bei der Mox Telecom AG, Ratingen, für die Bereiche Produktmanagement, Technik und Customer Care verantwortlich. Dr. Schulz absolvierte das Studium der Informatik und promovierte an der RWTH Aachen. Danach war er als Projektleiter, Produktentwickler und Produktmanager bei verschiedenen Unternehmen der TK-Branche tätig.

Der Kunde im Fokus!

Jens Böcker

---

1. Einleitung
   1.1 Einführung
   1.2 Vorgehen

2. Kundenzufriedenheit als Grundlage von Kundenorientierung
   2.1 Definition Kundenorientierung
   2.2 Zielsetzung von Kundenzufriedenheit
   2.3 Methoden zur Messung von Kundenzufriedenheit
   2.4 Zufriedenheits-Matrix

3. Ansätze zur Verbesserung der Kundenbindung
   3.1 Selektion der Kunden als Voraussetzung für erfolgreiche Kundenbindung
   3.2 Management der Kundenbeziehung
   3.3 CRM-Systeme

4. Zusammenfassung und Ausblick

1. Einleitung

1.1 Einführung

1998 war eine der spannendsten Fragen zu Beginn der Liberalisierung im Festnetz wie viele Kunden dem ehemaligen Monopolisten (Deutsche Telekom) treu bleiben und wie viele den Telekommunikationsanbieter wechseln werden. Selbst Marktforscher hielten sich bei der Beantwortung dieser Frage auffallend zurück. Wer möchte auch schon gern eine Einschätzung im Unternehmen kommunizieren (oder schlimmer noch: im Business Case verankert sehen), die innerhalb kürzester Zeit voraussichtlich korrigiert werden muss?

Welche Erfahrungen können auch herangezogen werden? Im Festnetz gab es in der Vergangenheit - zu Zeiten des Monopols der Deutschen Telekom – für die Kunden keine Alternative. Unzufriedene Kunden mussten, ob sie wollten oder nicht, bei der Deutschen Telekom bleiben. Für den Anbieter eine traumhafte, für den Kunden eine eher alptraumhafte Vorstellung! Erfahrungswerte über die Zufriedenheit und Treue von Telefonkunden konnte man sich allenfalls aus bereits liberalisierten internationalen Märkten beschaffen. Doch dürfen die Erfahrungen z.B. aus dem englischen oder dem US-Markt so ohne weiteres auf den deutschen Markt übertragen werden? Mit einem gewissen Abstand zum Start der Liberalisierung darf man heute sagen: man kann nicht! Ein anderer Markt, der immer wieder als Maßstab für die Manager im Festnetzgeschäft herangezogen wird, ist der Mobilfunkmarkt, der von Anfang an liberalisiert war. Messungen über die Kundenzufriedenheit liegen aus diesem Markt vor und sind doch sehr spezifisch. Leistungsmerkmale wie Flächendeckung und 24 h – Austauschservice für Handys sind eben doch mobilfunktypisch und nicht auf das Angebot von Festnetzleistungen anwendbar. Die Fluktuation im Mobilfunk ist erschreckend hoch und beläuft sich auf über ein Viertel des Kundenbestandes pro Jahr, womit natürlich ein erheblicher organisatorischer Aufwand verbunden ist. Die genaue Analyse zeigt, dass ein Großteil der Fluktuation die Ursache in dem Wunsch der Kunden nach neuen Endgeräten hat. Das neuste, kleinste, möglicherweise mit innovativen Zusatzfunktionen ausgestattete Handy veranlasst Kunden immer wieder dazu, den bestehenden Vertrag zu kündigen und einen neuen abzuschließen. Der unbequeme Wechsel der Telefonnummer wird dabei grundsätzlich in Kauf genommen. Dieser Fall wird als unechte Fluktuation bezeichnet, da der Kunde zwar den Vertrag (und damit in der Regel auch den Anbieter oder Service-Provider) wechselt, jedoch zukünftig weiterhin Mobilfunknutzer bleibt. Auch diese Erfahrungen helfen den Festnetz-Managern nicht weiter, da im Festnetz bereits eine vollständige Versorgung mit Endgeräten erfolgt ist und extrem große Technologiesprünge wie bei den Mobilfunkgeräten nicht stattfinden. Und während im Mobilfunk Monat für Monat Hunderttausende von neuen Nutzern in die Netze der Mobilfunkbetreiber strömen, läuft im Festnetz lediglich alles auf eine Neuverteilung der Kunden im Markt hinaus. Konkret heißt dies, dass Marktanteile nur auf Kosten der Deutschen Telekom gewonnen werden können.

Um dieses Ziel zu verwirklichen, hat die Auseinandersetzung mit der Kundenzufriedenheit und mit den Möglichkeiten zur Kundenbindung oberste Priorität. Kundenzufriedenheit ist zwar noch kein Garant, jedoch eine unmittelbare Voraussetzung für eine erfolgreiche Bindung von Kunden. Ein Großteil der unzufriedenen Kunden beschwert sich nicht einmal: der bestehende Vertrag wird gekündigt, das Produkt, die Dienstleistung einfach nicht mehr genutzt. Die Gründe hierfür bleiben aus Unternehmenssicht meist im verborgenen. Nach verschiedenen Schätzungen in unterschiedlichen Branchen beschwert sich mit ca. 4 % nur ein Bruchteil der unzufriednen Kunden. Es fehlt ein Frühwarnsystem, das Unzufriedenheit frühzeitig identifiziert und damit die Einleitung entsprechender Marketingmaßnahmen ermöglicht.

Der Stellenwert von Kundenbindung in der Telekommunikation ergibt sich außerdem aus dem schnellen Entwicklungstempo bei Produkten und Services. Ein Kunde, der heute Festnetztelephonie bei einem Anbieter nutzt, kommt morgen für eine Vielzahl neuer Leistungen in Frage (Internet, Sonderrufnummern, mobile Sprach- und Datendienste etc.). Der Wert und die langfristige Bedeutung des Kunden nehmen somit im Zeitablauf deutlich zu. Zusätzlich erhöht sich bei Kunden, die mehrere Leistungen von einem Anbieter beziehen, die Loyalität. Gleichzeitig sinkt die Gefahr, dass der Kunde zum Wettbewerb abwandern könnte.

Bereits zu Beginn der Liberalisierung im Festnetz zeigte sich der hohe Stellenwert von Kundenzufriedenheit und Kundenbindung. Aufgrund fehlender Erfahrungen lassen sich jedoch keine wirklich brauchbaren Anhaltspunkte für die Bestimmung von Kundenzufriedenheit und -treue finden.

1.2 Vorgehen

Zunächst werden die Bestimmungsgründe und Möglichkeiten der Messung von Kundenzufriedenheit aufgezeigt. Dabei werden konkrete Ansätze beschrieben, wie gerade in dynamischen Telekommunikationsmärkten mit Zufriedenheitsmessungen umgegangen wird und welche Implikationen die Resultate für die Markt- und Kundenorientierung der Anbieter haben.

Basierend auf den Grundlagen der Kundenzufriedenheit werden im zweiten Teil des Beitrages unterschiedliche Möglichkeiten zur Bindung von Kunden vorgestellt. Dabei erfolgt eine Einteilung nach den Ansätzen die das Marketinginstrumentarium zur Verfügung stellt. Im Mittelpunkt steht im Sinne des Cross Selling die Weiterentwicklung des Kunden mit zusätzlichen Produkten und Dienstleistungen.

Zum Abschluss des Beitrages werden noch einmal die wichtigsten Ergebnisse zusammengefasst und ein Ausblick auf weitere Entwicklungstendenzen gegeben.

2. Kundenzufriedenheit als Grundlage von Kundenorientierung

2.1 Definition Kundenorientierung

Nahezu jedes Unternehmen gibt heute vor, sich am Kunden beziehungsweise am Markt zu orientieren. Dabei zeigen sich ganz unterschiedliche Erfolge, die ebenso unterschiedlich von den Kunden aufgenommen werden. Kundenorientierung heißt zunächst die Ausrichtung des Unternehmens an den zufrieden zu stellenden Kundenwünschen. Elementar ist dabei die Sichtweise: es zählt allein die Perspektive des Kunden und nicht die des Unternehmens, das – meist nur vordergründig – die Kundenwünsche zu kennen glaubt. Ausgangspunkt für die unternehmerischen Aktivitäten ist demnach zunächst der Markt beziehungsweise der Kunde. Plakativ wird diese unternehmerische Grundeinstellung mit der Aussage „Listen to the customer" verdeutlicht.

In der Vergangenheit gab es immer wieder Versuche, den Fokus zusätzlich auf andere Bereiche als den Kunden zu legen. Beispiele hierfür sind sowohl eine Orientierung an den Bedürfnissen der Absatzmittler (Phase der Absatzmittlerorientierung in den 70'er Jahren) oder die Orientierung an als Benchmark identifizierten Wettbewerbern (Phase der Wettbewerbsorientierung in den 80'er Jahren). Ex post haben sich diese Ansätze zwar als wichtig herausgestellt, die Gefahr einer Dominanz von Absatzmittlern – oder Wettbewerbsorientierung wurde jedoch schnell deutlich. Starke Wettbewerbsorientierung führt zu einer hohen Angleichung der Produkte und Services. Differenzierungsmöglichkeiten werden nicht genug herausgearbeitet und eigenständige Positionierungen im Markt drohen zu verwässern. Mittel- bis langfristig führt eine ausgeprägte Wettbewerbsorientierung mangels anderer Differenzierungsansätze zu einer Abhebung über den Preis und damit zu einer aggressiven Preispolitik. Absatzmittlerorientierung – als dominanter Marketingansatz – erweist sich insofern als kurzfristiger Ansatz, da dabei der Kunde nur allzu leicht aus dem Fokus verloren wird. Letztlich ist neben einer heute zweifelsfrei zentralen Kundenorientierung eine ausgewogene Betrachtung von Wettbewerb und Absatzmittlern (im Sinne einer multidimensionalen Ausrichtung) erforderlich.

Eine starke Wettbewerbsorientierung zu Beginn der Liberalisierung im Festnetz hat zu einer erheblichen Angleichung der Tarifmodelle der neuen Anbieter geführt. Aus der hohen Vergleichbarkeit der Minutenpreise resultiert in den ersten zwei Jahren des Wettbewerbs ein Preisverfall bei nationalen Gesprächen um ca. 70 Prozent.

Kundenorientierung als Einflussfaktor auf das gesamte Unternehmen lässt sich anschaulich anhand der Wertschöpfungskette darstellen. Ausgangspunkt für die Definition der Produkte und Dienstleistungen sowie aller nachgelagerter Unternehmensprozesse ist die Wertbestimmung einer Leistung für den Kunden, die auf einer Markt- bzw. Kundenanalyse beruht. Erst im Anschluss an die Wertbestimmung erfolgt die Werterstellung (konkrete Definition des Produktes, der Preise, des Service und der Produktion) und die kommunikative Wertvermittlung. Dieser Prozess der Wertschöpfung führt zu einer stringenten Ausrichtung aller unternehmerischen Aktivitäten mit dem Ziel einer stetigen Verbesserung des Kundennutzens.

Prozess der Wertschöpfung (wertorientiert)		
Wertbestimmung	Werterstellung	Komm. Wertvermittlung
Marketing, Marktforschung / Marktselektion u. Positionierung	F & E / Beschaffung, Einkauf / Produktion / Logistik	Kommunikation, Werbung / Verkaufsförderung / Vertrieb

Abbildung 1: Wertschöpfungskette

Die Messlatte für den Grad der Kundenorientierung ist die Kundenzufriedenheit, die mittels ausgereifter Verfahren und Analysen ein konkretes, objektives Bild der aktuellen Kundeneinschätzungen darstellt. Kundenzufriedenheit ist definiert als die Ausgewogenheit zwischen der vom Kunden erwarteten und der tatsächlich erbrachten Leistung. Zufriedenheit entsteht, wenn sich die Erwartungshaltung und die Leistungserbringung aus Sicht des Kunden entsprechen. In diesem Fall erfolgt ex post die Bestätigung der vorherigen Erwartungshaltung. Übertrifft die Leistung die Kundenerwartung, entsteht ebenfalls Zufriedenheit, gegebenenfalls sogar Begeisterung für ein Produkt beziehungsweise einen Anbieter. Unzufriedenheit resultiert zwangsläufig aus dem umgekehrten Fall, nämlich der Nichterfüllung der Erwartungshaltung.

Die Erwartungshaltung weicht – je nach betrachteter Zielgruppe – erheblich voneinander ab. Hierzu folgendes Beispiel: ein Geschäftskunde erwartet beim Wechsel eines Telefonanbieters zunächst messbare Einsparungseffekte. Gleichzeitig besteht die Erwartung, dass Funktionalität und Stabilität des Telefondienstes dem Standard der Deutschen Telekom entsprechen. Ein Geschäftskunde kann es sich eben nicht leisten, dass Marketing oder Vertrieb Kunden nicht erreichen oder Kundenanrufe in der Hotline aufgrund von Störungen nicht entgegengenommen werden können. Selbst gravierende Einsparungen bei den Telefonkosten stehen in keinem Verhältnis zu einer möglichen Gefährdung von Geschäftsbeziehungen.

Das Segment der Privatkunden reagiert signifikant anders. Während auch bei Privatkunden die Erwartung von Einsparungen vorherrscht, ist die Erwartungshaltung bezüglich Funktionalität und Stabilität des Netzes niedriger anzusetzten, so werden Netzstörungen tendenziell eher toleriert, weil sie für Privatkunden auch geringere Konsequenzen haben.

Bei der Analyse von Kundenzufriedenheit ist zu beachten, dass Kunden das gesamte Bündel an Leistungskomponenten wahrnehmen und sich nicht auf einzelne Leistungskomponenten beschränken. Ein Telefonkunde sieht nicht nur die Kernfunktion, überhaupt telefonieren zu können, sondern ebenfalls die Qualität der Verbindung, die Schnelligkeit beim Verbindungsaufbau, das Design und die Verständlichkeit der Rechnung, die Erreichbarkeit, Kompetenz und Freundlichkeit der Hotline, das Image des Anbieters, die Beratung des Händlers etc.. Somit sind alle Leistungskomponenten bei einer Kundenzufriedenheitsmessung mit einzubeziehen. Den Zusammenhang zwischen der Kernleistung und zusätzlichen Leistungskomponenten veranschaulicht zusammenfassend die folgende Abbildung.

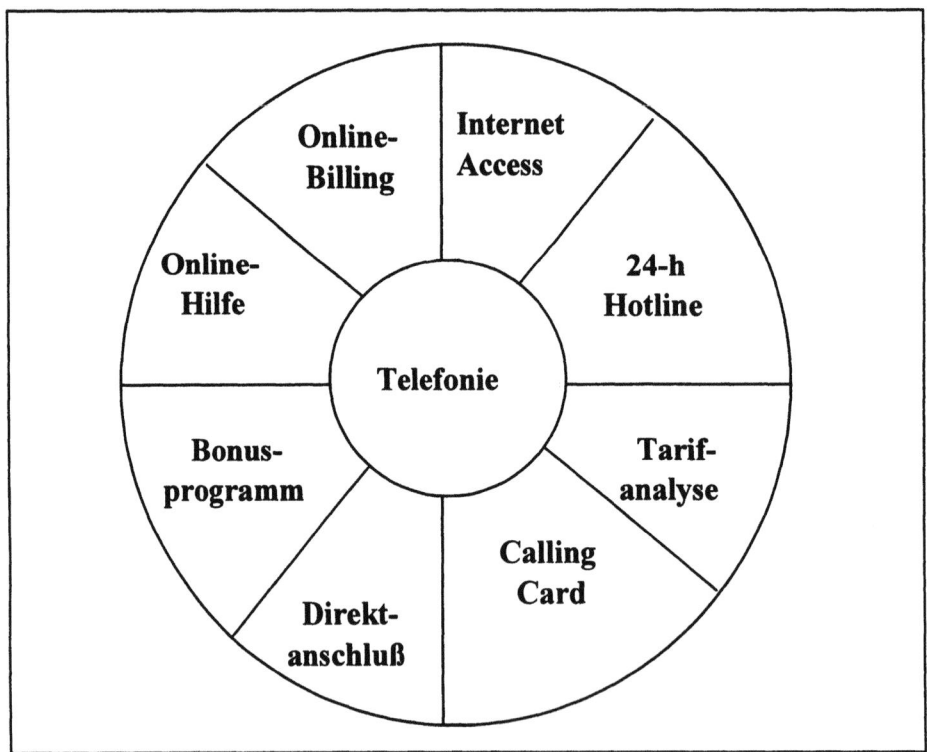

Abbildung 2: Zusammenhang zwischen Kernleistung und zusätzlichen Leistungskomponenten

2.2 Zielsetzung von Kundenzufriedenheit

Angesichts der engen Verzahnung von Kundenorientierung und Kundenzufriedenheit wird als oberstes Ziel die Sicherstellung einer hohen Kundenzufriedenheit angesehen. Nur zufriedene Kunden sind treue Kunden und können langfristig gebunden werden. Nicht zu vermeiden ist, dass ein kleiner Teil der zufriedenen Kunden dennoch nicht langfristig zu halten ist. Für den Großteil der Kunden lässt sich allerdings feststellen, dass Kundenzufriedenheit die zentrale Voraussetzung für Kundenbindung ist. Da Kunden über ihren Grad der Zufriedenheit kommunizieren, erleichtern zufriedene Kunden die Gewinnung von Neukunden. Auffällig sind die Unterschiede zwischen zufriedenen und unzufriedenen Kunden im Punkt Weitergabe der Erfahrungen. Der zufriedene Kunde gibt seine positiven Erfahrungen ca. drei- bis viermal weiter. Die Kommunikationsquote beim unzufriedenen Kunden liegt ungefähr dreimal höher, d.h. Unzufriedenheit wird ca. neun- bis zehnmal weitergegeben. Die Berücksichtigung dieses Multiplikatoreffektes und die damit verbundenen Konsequenzen für die Neukundengewinnung sind gerade für Telekommunikationsmärkte, in denen die schnelle Markterschließung über Erfolg oder Misserfolg entscheidet, von gravierender Bedeutung.

Abgeleitet aus dem Ziel der Sicherstellung einer hohen Kundenzufriedenheit ergibt sich als Teilziel die Gewährleistung eines permanenten Markt- und Kundenkontaktes. Im Mittelpunkt steht dabei die regelmäßige Evaluierung neuer Marktdaten im Sinne eines systematischen Kundenfeedbacks. Die zentrale Fragestellung aus Unternehmenssicht lautet: wie können das Produkt bzw. die Services zur Stiftung eines höheren Kundennutzens verbessert werden? Im Anschluss an die Beantwortung dieser Frage geht es um die konkrete Umsetzung der Verbesserungsvorschläge. Bei der konkreten Umsetzung ist die Verbesserung des Kundennutzens in Relation zu den dabei entstehenden Kosten zu setzen und zu bewerten.

2.3 Methoden zur Messung von Kundenzufriedenheit

In diesem Kapitel wird ein Überblick über die verschiedenen Ansätze zur Messung von Kundenzufriedenheit gegeben und hinsichtlich ihres aktuellen Stellenwertes für das Marketing kommentiert. Die unterschiedlichen Ansätze sind zunächst in der folgenden Abbildung zusammenfassend dargestellt.

In Anlehnung an Werner erfolgt eine kurze Darstellung der in der Abbildung aufgeführten methodischen Ansätze (vergleiche hierzu im weiteren Werner, H.: Instrumente zur Messung von Kundenzufriedenheit, S. 148 – 153, in: Simon, H.; Homburg, C.: Kundenzufriedenheit: Konzepte-Methoden-Erfahrungen, 3. Aufl., Wiesbaden 1998).

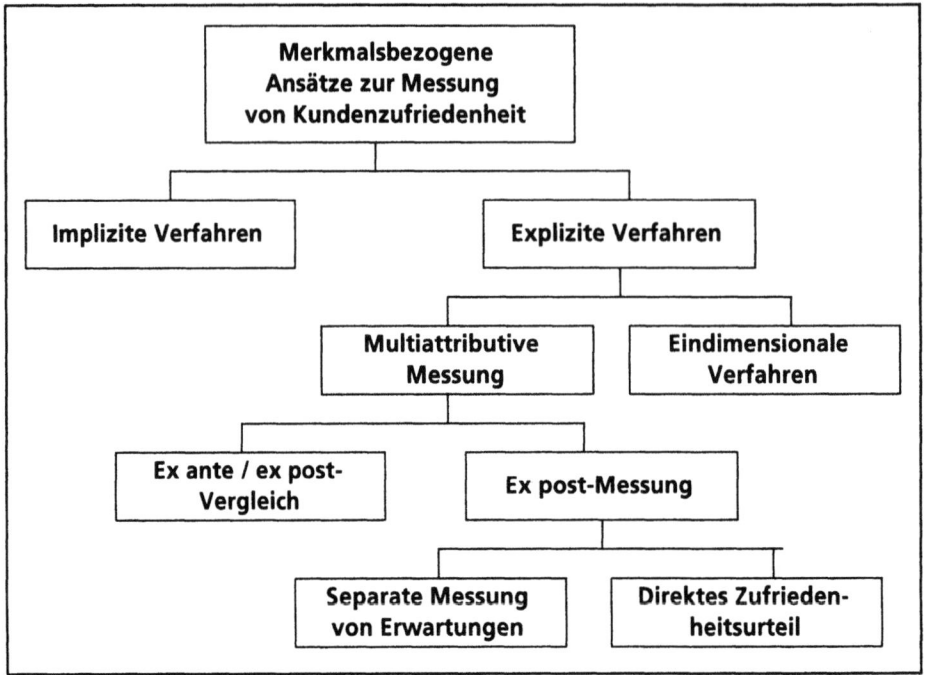

Abbildung 3: Systematik der merkmalsorientierten Ansätze zur Messung der Kundenzufriedenheit

Implizite Verfahren:

Implizite Verfahren basieren auf einer umfassenden Analyse des Beschwerdeverhaltens der Kunden. Aus den Beschwerden lassen sich Defizite in der Kundenzufriedenheit ermitteln. Zunächst werden die Beschwerden gesammelt, anschließend individuell beantwortet und letztlich zentral ausgewertet. Typische Beschwerden, die bei Telekommunikationsanbietern zu verzeichnen sind, betreffen zum einen Netzstörungen und zum anderen die Rechnungsstellung. Beispielsweise entsteht nach dem Versand der Telefonrechnungen regelmäßig eine Vielzahl an Fragen und Beschwerden zum Aufbau und Inhalt der Rechnung. Insbesondere nach Beginn der Liberalisierung im Festnetz, war für viele Kunden, die zu einem neunen Anbieter wechselten, nicht eindeutig, dass der Wechsel nur die Fern- und internationalen Gespräche betraf und Ortsgespräche zunächst weiterhin bei der Deutschen Telekom blieben. Die Unsicherheit entstand speziell bei Erhalt von zwei Rechnungen von den beteiligten Netzanbietern. Implizite Verfahren setzten jedoch ein in der Regel nicht gegebenes aktives Beschwerdeverhalten des Kunden voraus. Diese Form der Kundenzufriedenheitsmessung muss deshalb abschließend als tendenziell unsystematisch und unstrukturiert bezeichnet werden.

Explizite Verfahren:

Bei den expliziten Verfahren erfolgt eine direkte Befragung der Kunden mit Hilfe geeigneter Befragungsinstrumente. Im Vordergrund steht die Messung des Erfüllungsgrades von Erwartungen bzw. die Messung durch die direkte Erfragung empfundener Kundenzufriedenheit, die basierend auf einem für das Produktspektrum geeigneten Fragebogenkonzept durchgeführt wird.

Explizite Verfahren lassen sich, wie im Folgenden dargestellt, in eindimensionale und mehrdimensionale Verfahren aufteilen.

Eindimensionale Verfahren:

Bei eindimensionalen Verfahren erfolgt die Messung der Kundenzufriedenheit mit Hilfe eines einzigen Indikators. Die Beschränkung auf einen Indikator ist allenfalls für die Erfassung der Gesamtzufriedenheit mit einem Anbieter, einer Marke oder einem Produkt nutzbar. Sowohl im Konsum- als auch in Investitionsgütermärkten reicht dieser Ansatz aufgrund der Vielzahl der ineinander verzahnten Produkte und Dienstleistungen nicht aus. Dies gilt speziell für die Telekommunikationsbranche, denn Kunden werden heute komplexe Telekommunikationsleistungsbündel angeboten: Telefonie im Festnetz, Internetzugang und Verwaltung der eigenen Homepage, ISDN-Karte, Hotline etc. Eindimensionale Ansätze können diese Differenzierung nach einzelnen Leistungsmerkmalen nicht leisten und sind deshalb auch für die Messung von Kundenzufriedenheit in der Telekommunikation nicht von Bedeutung.

Mehrdimensionale Verfahren:

Die mehrdimensionalen Verfahren umfassen alle relevanten Leistungsmerkmale bei der Messung von Kundenzufriedenheit und bedeuten damit eine sehr viel realistischere Abbildung von Zufriedenheit. Entsprechend haben sich diese Verfahren in der Praxis durchgesetzt. Nach dem Zeitpunkt der Messung lassen sich zwei Varianten der mehrdimensionalen Verfahren: der ex ante/ex post-Vergleich und die ex post-Befragung, unterscheiden.

Ex ante/ex post-Vergleich:

Dieser Ansatz zielt darauf ab, die Messung der Kundenzufriedenheit über einen Vergleich zwischen einer ex ante ermittelten Erwartungshaltung und einer späteren ex post-Befragung bezüglich der Erfüllung der Erwartungshaltung, zu ermitteln. Die Ermittlung von Marktdaten nach dem ex ante-Ansatz stößt in der Telekommunikationsbrache immer wieder auf Schwierigkeiten. Angesichts des hohen Wettbewerbsdrucks in der Telekommunikation sehen sich Anbieter und Kunden in kurzen Abständen mit neuen Produkten und Services konfrontiert. Die Vermittlung des Nutzens innovativer Produktideen stößt jedoch bei Befragungen zur Erwatungshaltung häufig an Grenzen. Gerade bei neuen Produkten besteht bei den Befragten häufig eine erhebliche Unsicherheit den Nutzen betreffend. Für das Marketing liefert daher dieses Vorgehen tendenziell unscharfe Resultate.

Ex post-Messung:

Erfolgt die Befragung während oder nach der Nutzung der Leistung, wird dies als ex post-Bewertung bezeichnet. Der befragte Kunde verfügt in diesem Fall also bereits über Erfahrungen im Umgang und in der Nutzung mit den im Fokus stehenden Produkten und Services. Analog zu dem im vorherigen Abschnitt vorgestellten ex ante/ex post-Vergleich kann auch hier eine separate Erfassung der Erwartungshaltung vorgenommen werden. Hierzu wird das Befragungskonzept so gestaltet, dass zunächst die ursprüngliche Erwartungshaltung und anschließend der Erfüllungsgrad abgefragt werden. Entgegen diesem Ansatz wird in der Praxis oftmals auf die Voraberhebung einer ursprünglichen Erwartungshaltung verzichtet und direkt das adressierte Zufriedenheitsurteil erhoben. Der Vorteil dieses Vorgehens ist die damit verbundene Zeit- und Kostenersparnis bei Befragung und die höhere Akzeptanz der Messung bei den Kunden. Dies ist in der Tat der am häufigsten anzutreffende Ansatz in der Telekommunikation. Die hohe Geschwindigkeit der Produktinnovationen erfordert bereits kurz nach dem Marktstart die ersten Erhebungen zur Kundenzufriedenheit, um bereits in der Einführungsphase kurzfristig notwendige Korrekturen im Vermarktungskonzept vornehmen zu können. Angesichts des Zeitdrucks sowohl bei der Befragung als auch bei der Analyse der Daten wird auf eine Erhebung der Erwartungshaltung in der Regel verzichtet.

Wie aufgezeigt haben die Besonderheiten des Telekommunikationsmarktes Auswirkungen auf die Auswahl der Art und Weise der Messung von Kundenzufriedenheit. Der hohe Innovationsdruck bzw. die kurzen Lebenszyklen erfordern vergleichsweise kurze Abstände zwischen den Messungen. Zwei Messungen im Jahr gelten quasi als Minimum. In der Produkteinführungsphase und in Phasen intensiven Wettbewerbs sollten die Abstände tendenziell etwas kürzer definiert werden. Demgegenüber können die Abstände in einer späteren Phase des Produktlebenszyklus tendenziell vergrößert werden. Die Wichtigkeit kurzer Abstände in der Markteinführungsphase zeigt folgendes Beispiel: einer der neuen Telekommunikationsanbieter setzte nach einer Einschätzung des damaligen Managements auf die Einführung der Festnetzproduktvariante Preselection, während ein Großteil der Wettbewerber die Call-by-Call-Variante favorisierten. Der mangelnde Kontakt zum Markt, fehlende Erhebungen in den ersten Tagen und Wochen der Produkteinführung ließen die Fehlentscheidung lange unentdeckt. Erst sechs Monate nach dem Liberalisierungsstart (für den Telekommunikationsmarkt eine lange Zeit!) konnte ein Call-by-Call-Produkt als Follower im Markt eingeführt werden. Die Folgen dieser Entscheidung und des fehlenden Marktkontaktes waren in den Punkten Marktanteil und Bekanntheit schmerzhaft für das Unternehmen zu spüren.

2.4 Zufriedenheits-Matrix

Die Zufriedenheitsmatrix ist das Herzstück der Kundenzufriedenheitsmessung. In der Matrix werden alle Resultate bezogen auf einzelne Leistungsmerkmale aus Sicht des Kunden dargestellt. Quasi auf einen Blick wird deutlich, wie es um die Zufriedenheit der Kunden bestellt ist. Weiterhin wird deutlich, an welchen Stellen für das Unternehmen Handlungsbedarf besteht, um die Kundenzufriedenheit und damit die Kundenbindung zu verbessern.

Die Matrix zeigt an der Y-Achse die relative Bedeutung bzw. die Wichtigkeit der einzelnen Leistungsmerkmale für die Kunden. An der X-Achse wird die Zufriedenheit der befragten Kunden abgebildet. Alternativ kann an der X-Achse auch die relative Leistung eines Unternehmens abgebildet werden. Unter der relativen Leistung wird die Leistung des eigenen Unternehmens im Vergleich zu dem Unternehmen, welches aus Kundensicht in diesem Punkt am besten abgeschnitten hat, verstanden.

Die beiden oberen Quadranten zeigen eine ausgesprochen hohe Bedeutung der Leistungsmerkmale für den Kunden. Diese Merkmale eines Produktes sind ausschlaggebend für die Kaufentscheidung. Eine schlechte Beurteilung (Quadrant links oben) bedeutet eine geringe Zufriedenheit und gefährdet die Kundenbindung erheblich. Die Erwartungshaltung des Kunden ist in elementaren Produkteigenschaften nicht erfüllt worden. Die Wahrscheinlichkeit, den Kunden zu verlieren, ist unter Voraussetzung alternativer Angebote sehr hoch. Die Einleitung geeigneter marketingpolitischer Gegenmaßnahmen ist dringend geboten. Eine gute Beurteilung bedeutet eine hohe Zufriedenheit und beeinflusst die Kundenbindung demgegenüber positiv. Die Erwartungshaltung des Kunden ist, bezogen auf die für ihn wichtigen Leistungsmerkmale, erfüllt. Leistungsmerkmale, die in diesem Quadranten positioniert werden, sollten hier ebenso in Zukunft gehalten werden.

Die beiden unteren Quadranten zeigen eine eher geringe Bedeutung der Leistungsmerkmale für den Kunden. Eine geringe Zufriedenheit bei unwichtigen Produktkomponenten sind sowohl aus Kunden- als auch Unternehmenssicht kein Grund zur Sorge. In diesem Bereich vorhandene Defizite sind tolerierbar und erfordern keine marketingpolitischen Gegenmaßnahmen. Eine hohe Zufriedenheit bei relativ unwichtigen Merkmalen erscheint zunächst überflüssig bzw. über das Ziel hinaus geschossen. Dies gilt insbesondere dann, wenn die Positionierung der Leistungsmerkmale in diesem Bereich mit erheblichen Kosten verbunden ist. In diesem Fall ist eine Reduzierung des Leistungsmerkmals empfehlenswert. Gegebenfalls ist zu prüfen, ob Vorteile in diesem Bereich in der Marktkommunikation genutzt werden können und als Differenzierungsvorteile im Wettbewerb geeignet sind.

Als Idealbereich stellt sich ein Korridor diagonal vom linken unteren zum oberen rechten Quadranten dar. In diesem Korridor ist ein Gleichgewicht zwischen der Bedeutung der Leistungsmerkmale und der mit diesen Merkmalen verbundenen Zufriedenheit festzustellen. Grundsätzlich sollten auf Basis der Positionierung der Merkmale in der Zufriedenheitsmatrix Marketingmaßnahmen eingeleitet werden, die entweder darauf abzielen, die Merkmale in diesem Korridor zu halten oder sich diesem anzunähern.

In der nachfolgenden Abbildung sind einzelne Leistungsmerkmale des Produktes Festnetztelefonie positioniert.

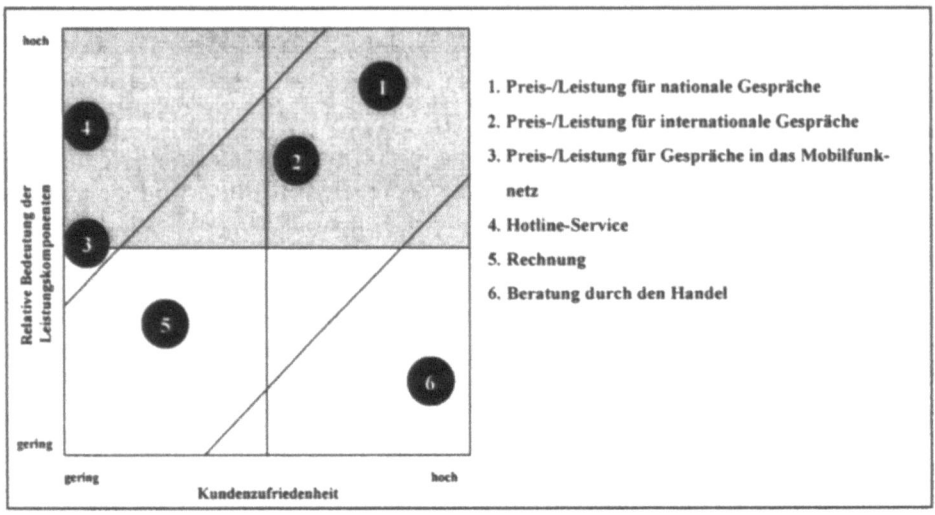

Abbildung 4: Zufriedenheitsmatrix am Beispiel der Festnetztelefonie (erste Messung)

An der Matrix lässt sich sofort erkennen, dass aus Sicht des Unternehmens Handlungsbedarf in den Punkten Service, Netzqualität, Preis-Leistungsverhältnis bei Gesprächen in das Mobilfunknetz und der Beratungsleistung im Handel besteht.

Konkret lassen sich folgende erforderlichen Marketingmaßnahmen ableiten:

1. Service in der Hotline deutlich verbessern (z.B. Verkürzung der Warteschlangen, Verbesserung der fachlichen Kompetenz der Call-Center-Mitarbeiter durch Schulungen, Integration eines Sprachcomputers für Standardabfragen)

2. Verbesserung des Preis-/Leistungsverhältnis für Gespräche in das Mobilfunknetz (z.B. Preisanpassung, Verkürzung der Aufbauzeiten, Verringerung der netzbedingten Besetztzeichen, Eliminierung der netzbedingten Fehlverbindungen)

3. Reduzierung der Aktivitäten im Handel, da die Betreuungsleistung des Händlers – vermutlich durch den hohen Standardisierungsgrad des Produktes - nicht mehr entsprechend honoriert wird.

In folgenden Punkten müssen dagegen keine Marketingmaßnahmen eingeleitet werden:

1. Rechnungsstellung (z.B. bezüglich Struktur und Verständlichkeit der Rechnung)

2. Preis-/Leistungsverhältnisses bei nationalen Gesprächen

3. Preis-/Leistungsverhältnisses bei internationalen Gesprächen

Da eine Zufriedenheitsmessung nur eine kurzfristige Darstellung (Blitzlichtaufnahme) der Kundensicht darstellt, ist eine permanente Wiederholung der Messung notwendig. Dies dient der Überprüfung der Wirksamkeit der eingeleiteten Marketingmaßnahmen. Folgemessungen der Kundenzufriedenheit sind somit ein effizientes Controllinginstrument für das Marketing.

Bei nachfolgenden Messungen der Kundenzufriedenheit sind ebenfalls Änderungen in der Wichtigkeit der Produktkomponenten aus Kundensicht zu beobachten. So ist in Zukunft davon auszugehen, dass Gespräche in das Mobilfunknetz aufgrund der schnell steigenden Anzahl der Mobilfunkkunden deutlich an Bedeutung gewinnen werden. Hierbei ist eine adäquate Verbesserung der Zufriedenheitswerte sicherzustellen, da sich ansonsten die Positionierung des Leistungsmerkmals „Preis-/Leistungsverhältnis für Gespräche in das Mobilfunknetz" weiter vom Idealbereich entfernt. In der nachfolgenden Abbildung wird deutlich, dass Veränderungen in der Wichtigkeit von durch Marketingmaßnahmen induzierten Veränderungen in der Zufriedenheit aufgefangen werden müssen.

In der folgenden Abbildung wird die Veränderung in der Wichtigkeit des Leistungsmerkmals „Preis-/Leistungsverhältnis für Gespräche in das Mobilfunknetz" dargestellt. Ebenfalls werden Veränderungen in der Positionierung einzelner Leistungsmerkmale durch Einleitung von konkreten Marketingmaßnahmen (Service der Hotline verbessert, Reduzierung der Aktivitäten im Handel etc.) sichtbar.

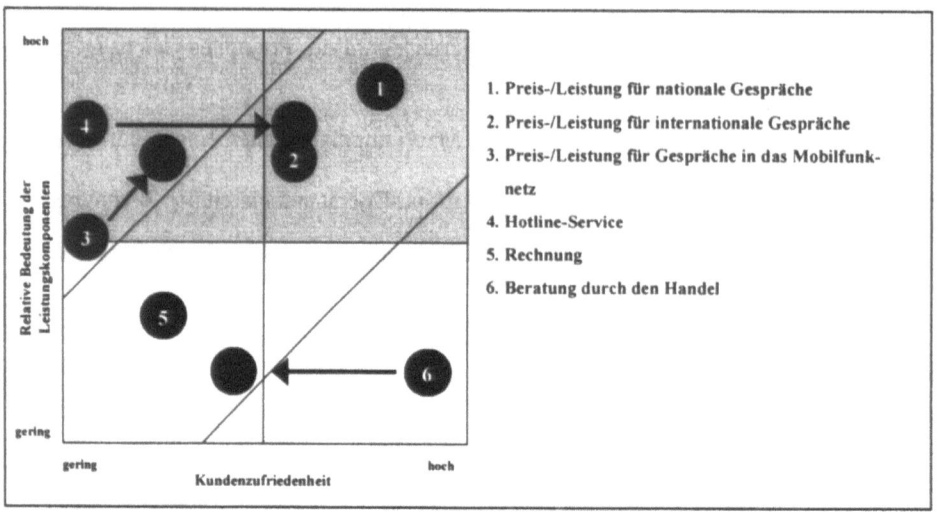

Abbildung 5: Zweite Messung (Anmerkung: die Pfeile markieren die veränderten Positionen)

3. Ansätze zur Verbesserung von Kundenbindung

3.1 Selektion der Kunden

Kundenzufriedenheit und Kundenbindung sind die zentralen Themen angesichts der in der Einleitung aufgezeigten hohen Kundenfluktuation. Voraussetzung für die erfolgreiche Bindung von Kunden ist ein Aspekt, der selbst von Marketing-Managern häufig übersehen wird: die konsistente Definition der Kundenstrategie.

Zentrale Frage der Kundenstrategie ist, welche Kunden für das Unternehmen im Mittelpunkt stehen und damit langfristig gebunden werden sollen. Gleichzeitig impliziert diese Fragestellung, welche Kunden eben nicht adressiert werden sollen bzw. von welchen Kunden eine Trennung sinnvoll erscheint.

Abgeleitet aus dieser Kernfrage umfasst die Kundenstrategie folgende Teilbereiche:

- Identifizierung der verschiedenen Kundensegmente
- Ermittlung der Nutzenerwartungen und Strukturen der Segmente
- Analyse des ökonomischen Stellenwertes der Segmente (Ist-Analyse)
- Abschätzung der zukünftigen segmentspezifischen Entwicklungen (Potential-Analyse)

- Fokussierung auf Zielsegmente
- Definition des segmentspezifischen Marketing-Mix (Produkt-, Preis-, Distributions- und Kommunikationspolitik)

Am Beispiel von o.tel.o und Arcor wird die typische Kundenstrategie erläutert: ausgehend von der Identifizierung der einzelnen Teilsegmente des Telekommunikationsmarktes werden die Zielsegmente definiert. Im Grunde werden dabei alle Segmente berücksichtig, d.h. vom komplexen Projektgeschäft für Großkunden bis zum Standardgeschäft für Privatkunden. Die Nutzenerwartungen in den Segmenten sind ausgesprochen unterschiedlich. Projektkunden erwarten ein individuelles Bündel aus Telekommunikationshardware, -software und -dienstleistungen, das individuell auf die spezifischen Bedürfnisse zugeschnitten ist und zu einer Verbesserung der Kommunikation des Unternehmens führt. Demgegenüber erwarten Privatkunden von dem Standardprodukt Telefonie eine preiswerte Alternative.

Der Ansatz, alle Marktsegmente gleichzeitig zu adressieren, birgt gerade in der Markteintrittsphase ein hohes Risiko. Dieses Vorgehen provoziert nahezu eine Verzettelung der Aktivitäten und den suboptimalen Einsatz der Ressourcen. Natürlich können Marketing, Vertrieb, Technik, Prozesse, Hotline etc. mit den Aufgaben wachsen und können Schritt für Schritt in der Markteintrittsphase den Anforderungen angepasst werden. Die Bereitschaft von Kundenseite, diese Anpassungsprozesse aktiv miterleben zu müssen, unterscheidet sich von Segment zu Segment erheblich. Mögliche „Kinderkrankheiten" in der Anlaufphase werden von Geschäftskunden sehr viel ernster als von Privatkunden genommen. Die Konsequenz für einen neuen Anbieter kann deshalb nur sein, den Fokus beim Markteintritt nur auf einen engen Kreis von Zielsegmenten zu legen. Es sollten nur diejenigen Segmente adressiert werden, deren Nutzenerwartungen mit einem realistischen Produktportfolio in der „start up"-Phase erfüllt werden können. Die Erfahrungen bei der Erschließung der ersten Marktsegmente sind dann zu einem späteren Zeitpunkt für die Adressierung zusätzlicher Segmente zu nutzen. Insbesondere ein positives Image und die Nennung von Referenzkunden helfen bei einer späteren Ausdehnung der Segmente.

Die Entscheidung, alle Segmente mit dem notwendigen Leistungsspektrum anzugehen, wird erwartungsgemäß von den Anbietern schnell korrigiert. Hierzu tragen zwei Erkenntnisse bei: zum einen werden die Kompetenzen, die für die Betreuung anspruchsvoller Geschäftskunden notwendig sind, unterschätzt. Individuelles Telekommunikationsgeschäft, verzahnt mit einem umsetzungsorientierten Projektmanagement, sind nun einmal nicht vom ersten Tag der Liberalisierung für einen Newcomer sicherzustellen. Zum anderen führen fehlende Kompetenzen bei der Erschließung eines Marktsegments zu einer bekannten und überhasteten Reaktion der Marketing- und Vertriebsmanager in Form aggressiver Preisangebote. Als Ergebnis sehen die segmentspezifischen Deckungsbeiträge üblicherweise wesentlich schlechter aus als erwartet. Verstärkt wird diese negative Entwicklung von den Konkurrenzreaktionen. In wettbewerbsintensiven Märkten wie der Telekommunikation führen Preissenkungen bereits sehr kurzfristig zu Anpassungen der Wettbewerber und können Ursache für einen länger anhaltenden Preisverfall sein. Angesichts dieser Erkenntnisse ziehen sich Arcor und o.tel.o aus dem individuellen Projektgeschäft zurück und konzentrieren sich auf die Erschließung des mittleren und kleineren Geschäftskundensegments (Arcor) sowie auf das Privatkundensegment (o.tel.o).

3.2 Management der Kundenbeziehung

Die langfristige Bindung von Kunden setzt voraus, dass sich ein Unternehmen ein möglichst differenziertes Bild von dem Kunden macht und diese Kenntnis zur Weiterentwicklung des Kunden nutzt. Um so überraschender ist es festzustellen, wie wenig einige Unternehmen über ihre Kunden wissen oder wie unsystematisch das vorhandene Wissen genutzt wird. Potentiale, enger an den Kunden heranzurücken, bleiben unerschlossen, und somit stehen die Vorzeichen für einen erfolgreichen Wettbewerb um die attraktivsten Kunden eher ungünstig.

Die Ursache für die geringe Nutzung von Kundendaten liegt u.a. in dem heute typischen segmentspezifischen Marketingansatz. Folgende Schritte bestimmen diesen Ansatz:

1. Abgrenzung des relevanten Marktes

2. Segmentierung des Marktes

3. Definition segmentspezifischer Angebote

Damit steht das Segment im Vordergrund marketingpolitischer Überlegungen. Ein Zugriff auf den Kunden mit dessen spezifischen Bedürfnissen besteht bis auf einige Ausnahmen im Investitionsgüterbereich nicht. Möglichkeiten, über die segmentspezifischen Angebote hinaus dem Kunden individuelle Lösungen anzubieten, bleiben demnach meist nur Theorie. Dennoch liegt gerade im Angebot maßgeschneiderter Angebote der Schlüssel zum Erfolg. Voraussetzung hierfür ist eine permanente Verdichtung und Analyse von Kundendaten. Aus Marketingsicht wird so der Kunde Schritt für Schritt transparenter, z.B. bezüglich der soziodemografischen Merkmale und Präferenzstrukturen.

Ein wichtiger Effekt ist dabei, dass auch das vorab definierte Marktsegment auf diese Weise an Konturen gewinnt. Es wird quasi wird ein „gläsernes" Segment geschaffen, in dem die einzelnen Marktteilnehmer durch den Aufbau von individuellen Informationen erkennbar werden. Dieser Entwicklung weiter folgend werden zukünftig einzelne Segmente in weitere Subsegmente unterteilbar sein. In der – zumindest heute denkbaren – Extremvariante bilden einzelne Marktteilnehmer oder kleine Einheiten von Marktteilnehmern (z.B. Familien) quasi ihr eigenes Marktsegment. Beispielsweise können Veränderungen im Kommunikationsverhalten von einzelnen Kunden nach diesem Ansatz zeitnah erfasst und mit entsprechenden Angeboten oder Tarifänderungen begleitet werden.

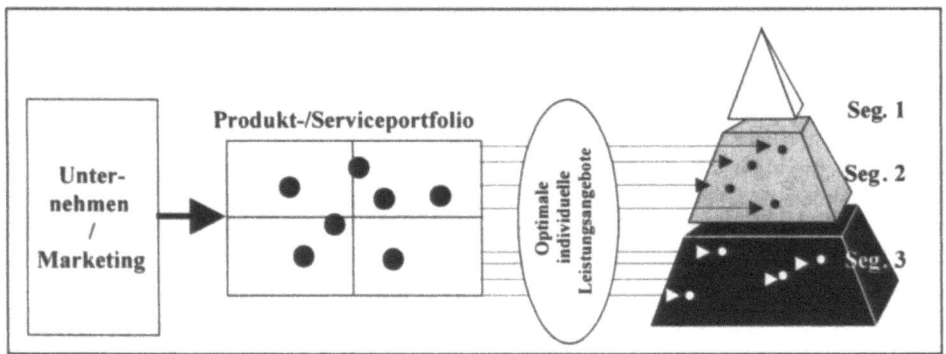

Abbildung 6: Transparente Segmente

Voraussetzung für die stärkere Individualisierung des Leistungsspektrums ist ein systematischer Ablauf innerhalb des Informationsmanagements vom ersten Kundenkontakt an. Konkret erscheint eine Unterteilung in folgende Ablaufschritte sinnvoll:

1. Erstkontakt mit dem Kunden:
   Möglichkeiten des Erstkontaktes ergeben sich im Online-Shop, Handel oder im Gespräch mit Vertriebsmitarbeitern.

2. Identifikation des Kunden:
   Die Identifikation ist die Voraussetzung für eine spätere individuelle Ansprache des Kunden.

3. Erfassung der Daten in einer Kundendatenbank:
   Neben der Erfassung der Kundendaten bietet sich die Nutzung weiterer Informationsquellen (Marktdaten, Experteneinschätzungen etc.) an.

4. Analyse der verfügbaren individuellen Kundeninformationen:
   Im Vordergrund steht die Erstellung eines Kundenprofils und der daraus abgeleiteten Prognose des zukünftigen Kaufverhaltens.

5. Entwicklung des Kunden:
   Basierend auf der Informationsanalyse werden dem Kunden, zu dem maßgeschneiderten Gesamtangebot passend, zusätzliche Produkte und Services angeboten.

6. Verdichtung weiterer Kundendaten auf Basis eines fortgesetzten Kundenkontaktes:
   Jeder Kundenkontakt bietet die Möglichkeit, weitere kundenbezogene Daten zu erfassen und den Kunden damit näher kennen zu lernen. Gleichzeitig kann ein fortge-

setzter Kundenkontakt zur Prüfung und Analyse der bereits erfassten Informationen genutzt werden. Im Sinne eines Kreislaufs wird der Prozess des Kundenmanagements anschließend aufs Neue angestoßen.

Resultat dieses Ablaufschemas ist eine, auf der Grundlage einer verbesserten und differenzierten Kundenkenntnis basierenden, Intensivierung der Kundenbeziehung. Je besser es einem Unternehmen gelingt, die spezifischen Kundenbedürfnisse zu erfüllen, desto größer die Loyalität des Kunden und desto aufwendiger wird es für die Wettbewerber, diesen Kunden zu einem Wechsel zu bewegen (vgl. Puke, V.; Schramm, W.: Customer Relationship Management, S. 23, in: Peren, F.W.: Kompendium 2000 zur Informations- und Kommunikationstechnologie, Münster 2000).

Konsequent sollten Unternehmen ein - entsprechend der strategischen Ausrichtung - attraktives Kundenportfolio aufbauen. Ein erfolgreiches Management dieses Portfolios setzt voraus, den Wert einzelner Kunden zu kennen. Daraus abgeleitet erfolgt ein persönlicher Dialog im Sinne des one-to-one-Marketings. Derart betreute Kunden fühlen sich durch ein Unternehmen ernst- und überhaupt erst wahrgenommen. Sie honorieren die Anstrengungen des Unternehmens mit einem höheren Maß an Offenheit und Interesse gegenüber zusätzlichen Produkten und Services als gegenüber den Leistungen der Wettbewerber. Im Grunde trägt dieser Ansatz dazu bei, die Vorteile des „Tante Emma"-Gedankens auf andere Märkte und auf erheblich mehr Kunden zu übertragen. Was „Tante Emma" auszeichnet ist die Kenntnis des Kunden und die Fähigkeit, dessen Präferenzen entsprechend zusätzliche Angebote zu unterbreiten.

Diese Art der Kundenbetreuung ist ursprünglich typisch für die Betreuung von Schlüsselkunden im industriellen Bereich. Angesichts aktueller technischer Möglichkeiten (Online-Shop, e-commerce etc.) wird es zukünftig für Unternehmen immer leichter, Kundendaten zu verdichten und hieraus spezifische Maßnahmen abzuleiten. Somit wird selbst die individuelle Betreuung von Kunden in Massenmärkten zunehmend ermöglicht.

Zusammenfassend lassen sich die Vorteile eines effizienten Managements von den Kundenbeziehungen folgendermaßen darstellen:

1. Verbesserung der Kundenbindung
2. Gezielte Kundenentwicklung
3. Gesteuertes und effizientes Wachstum bei den Zielkunden
4. Langfristig verbesserte Positionierung des Unternehmens im Wettbewerb

3.3 CRM-Systeme

Die operative Umsetzung des in dem vorherigen Kapitel beschriebenen Managements von Kundenbeziehungen erfolgt durch Customer Relationship Management (CRM) – Systeme. Hierbei handelt sich Datenbanksysteme mit dem Fokus Kundendaten zu verwalten und zu analysieren. Hinsichtlich der Aufnahme von Kundendaten bestehen unterschiedliche Schnittstellen, wie beispielsweise zu Computerkassen im Handel, Online-Shop-Systemen oder Computer Aided Selling (CAS)-Systemen.

Mittlerweile boomt der Markt für CRM-Systeme, was an der Vielzahl neuer Softwareanbieter in diesem Bereich abzulesen ist. In Funktionsvielfalt und Analysemöglichkeiten weisen die Systeme teilweise noch erhebliche Unterschiede auf. Nicht alles, was als CRM-System bezeichnet wird, ist diese Bezeichnung wert. Trotz dieser Unterschiede soll im Folgenden in Anlehnung an Puke und Schramm (Puke, V.; Schramm, W.: Customer Relationship Management, S. 27 ff., in: Peren, F.W.: Kompendium 2000 zur Informations- und Kommunikationstechnologie, Münster 2000) eine Übersicht über die wichtigsten Elemente und Funktionen von CRM-Systemen gegeben werden:

- Contact Management-System:
  System zur Erfassung, Bearbeitung und Auswertung aller Kundenkontakte. Zur Sicherstellung einer durchgängigen Bearbeitung von Kontakten wird dieses Modul mit bereits bestehenden fachlichen Systemen (z.B. Enterprise Systemen) verbunden.
- Communication Management-System:
  System zur Identifizierung des Kontaktgrundes und Zuweisung des Kontaktes an den richtigen Sachbearbeiter. Dieses System stellt die Prozessintegration aller Kontaktauslöser sicher und verfügt über Automatisierungshilfen - im Sinne von CTI – bei der Kontaktaufnahme.
- Campaign Management-System:
  System zur Unterstützung von Kampagnen in den Bereichen Kundenselektion, Durchführung, Response-Erfassung und Erfassung im Contact Management-System. Grundsätzlich können unterschiedliche Arten von Kampagnen (z.B. Telefon-, Mailing-, Online-Kampagne) unterstützt werden.
- Database-Marketing:
  System zur Bereitstellung von Markt- und Kundendaten auf Basis von ausgewählten Selektionsverfahren (Data Mining). Die Weiterverarbeitung der Daten erfolgt dann durch das bereits genannte Campaign Management-System.
- Data Warehouse-System:
  System zur Zusammenführung, Analyse und Nutzung von Kunden- und Marktdaten aus verschiedenen Anwendungssystemen. Informationen werden entsprechend der Aufgabenstellung analysiert, verdichtet und bereitgestellt, um somit Kampagnen und Analysen für das Management zu unterstützen.
- Workflow Management-System:
  System für die effiziente und automatisierte Prozessgestaltung des Unternehmens und dessen Schnittstellen zu den externen Marktpartnern wie Kunden und Lieferanten.
- Termin Management-System:
  System zur Überwachung der Kundenkontakte und den damit verbundenen Maßnahmen in den Punkten Termintreue und Effizienz.

Die Auflistung der verschiedenen Systemelemente und -funktionen zeigt die Komplexität für Unternehmen, das Management von Kundenbeziehungen mit den erforderlichen Systemen zu unterstützen. Voraussetzung ist die Verzahnung und Integration der ehemals isolierten Einzelsysteme zu einem verknüpften Gesamtsystem. Nach diesem Ansatz wird für Unternehmen die immer wichtiger werdende durchgängige und aufeinander abgestimmte Kundenbetreuung und -entwicklung überhaupt erst ermöglicht. Aussagen von Mitarbeitern gegenüber Kunden wie „Dafür bin ich nicht zuständig", „Bitte wenden Sie sich an meinen Kollegen mit der Durchwahl XY, da mir Ihre Unterlagen nicht vorliegen", „Der zuständige Kollege ist in 14 Tagen wieder aus dem Urlaub zurück und wird sich dann umgehend um Ihr Anliegen kümmern" dürften dann wohl entgültig der Vergangenheit angehören.

Allerdings ist zu berücksichtigen, dass die Verknüpfung der heute meist isolierten Einzelsysteme für Unternehmen mit erheblichen organisatorischen Veränderungen verbunden ist. Abläufe werden neu definiert, Bereichs- und Abteilungsgrenzen aufgehoben und neu definiert, Mitarbeiter, die in der Vergangenheit Kunden nur vom Hörensagen kannten, im Umgang mit Kunden geschult und weitergebildet. Alles im allem ist dies ein langwieriger und aufwendiger interner Prozess für die Unternehmen. Er ist jedoch elementare Voraussetzung für die Umsetzung des Gedankens, enger an den Kunden heranzurücken und dessen langfristige markt- und kundenorientierte Betreuung sicherzustellen.

4. Zusammenfassung und Ausblick

Zweifellos gewinnt das Management von Kundenbeziehungen mehr denn je an Bedeutung. Die Telekommunikationsmärkte mit ihren weitgehend homogenen Produkten stehen hierbei vor der wichtigsten Herausforderung für die nächsten Jahre. Gerade in Märkten, in denen sich die Gewinnung von Neukunden in absehbarer Zeit deutlich verlangsamt (Mobilfunk) oder Marktanteilsgewinne nur über eine Neuverteilung der Bestandskunden (Festnetz) erzielen lässt, wird die Bindung und Entwicklung von Kunden zur existenziellen Frage.

Kundenorientierung und -bindung werden für Unternehmen durch das Instrument der Kundenzufriedenheitsmessung überhaupt erst konkret messbar. Zufriedenheitsmessungen sind mittlerweile ein weitgehend standardisiertes Instrument zur Gewinnung von marketingrelevanten Informationen. Im Mittelpunkt steht die Ermittlung von aus Kundensicht kritischen – und damit zufriedenheitsbedrohenden – Leistungsparametern. Für das Marketing ergibt sich, basierend auf einer Zufriedenheitsmatrix, quasi eine Checkliste, an welchen Produktmerkmalen akuter Handlungsbedarf besteht. Die Wirkung eingeleiteter Marketingmaßnahmen kann in einer zu einem späteren Zeitpunkt durchgeführten weiteren Messung überprüft werden. Unternehmen halten somit nicht nur einen sehr engen Markt- bzw. Kundenkontakt, sondern können ein permanentes zielgerichtetes Fine-Tuning des Leistungsangebotes vornehmen.

Die Voraussetzung von zunehmend individuellen Angeboten ist das Erkennen, Verwalten und Entwickeln von einzelnen Kundenbeziehungen. Ziel ist es, den Kunden ein auf ihn abgestimmtes Leistungsspektrum anzubieten und damit eine langfristige Bindung sicherzustellen. Gerade in Konsumgütermärkten war eine individuelle Kundenbetreuung aus Kostengründen und angesichts der technischen Voraussetzungen nahezu ausgeschlossen. Der Einsatz von e-commerce-Applikationen ermöglicht jetzt erstmals mit einem vertretbaren Einsatz, auch in Massenmärkten stärker auf Kundenwünsche einzugehen. Unter Marketinggesichtspunkten werden vorab definierte Marktsegmente zunehmend transparenter und somit zusätzliche Vermarktungspotentiale nutzbar.

Die Umsetzung der Idee, Kundenbeziehungen zu managen, bedarf eines ausgeklügelten und aufeinander abgestimmten IT-Ansatzes. Nur die Integration einer Vielzahl von verschiedenen Systemen wird eine durchgängige Betreuung und Bearbeitung der Kunden gewährleisten. Offene Konzepte im Sinne von CRM-Systemen bieten aus heutiger Sicht vielversprechende Möglichkeiten, Kundenbeziehungen aktiv zu gestalten.

Neue Impulse im Bereich Kundenbindung wird das Marketing mit dem Aufbau des UMTS-Mobilfunknetzes bekommen. Während das zur Zeit aktuelle GSM-Mobilfunknetz zwar für die Übertragung von Sprache optimal geeignet ist, stößt es bei der Übertragung von Daten auf durch enge Bandbreiten bedingten Grenzen. Mobile Datenkommunikation wird es Unternehmen erlauben, noch gezielter und vor allem zum geeigneten Zeitpunkt mit individuellen Angeboten auf den Kunden zuzugehen. Im Supermarkt wird man nicht nur die Rechnung via Handy bezahlen, sondern wird ebenfalls über das Handy-Display auf die aktuellen Angebote an der Käsetheke aufmerksam gemacht und zur elektronischen Teilnahme am nächsten Gewinnspiel aufgefordert. Einige Marktforschungsfragen ihres Supermarktes zur Person bzw. zur Familie beantworten sie gern per Handy, wenn damit zusätzliche Bonuspunkte im Rahmen des Kundenbindungsprogramms bekommen. So werden sie beispielsweise als Single auf die neue 250 ml-Verpackung des Nivea Shampoo hingewiesen, während der verheiratete Vater Informationen über die 750 ml-Familienflasche erhält.

Der Wettbewerb um die attraktiven Kunden wird sich auch in Zukunft weiter verschärfen. Die neue Dimension ist dabei, dass Unternehmen Möglichkeiten zur Verfügung stehen, Kunden mehr denn je kennen zu lernen. Deshalb wird sich nicht das Unternehmen mit den besten Produkten, sondern das Unternehmen, dass den Kunden am besten kennt und sich dieses Wissen zunutze macht, am Markt gewinnen.

E-Mails abfragen und beantworten, ohne am Computer zu sitzen. 'o.tel.o nexgo by call' macht es möglich. Doch unser Online-Dienst bietet noch mehr. Zum Beispiel surfen schon ab unglaublichen 1,9 Pf./Min.*, ohne versteckte Zusatzkosten. Außerdem bringen Kanalbündelung und Datenkompressionen Geschwindigkeitsvorteile von bis zu 120 %. Und für Ihre eigene Homepage stellen wir Ihnen 50 MB zur Verfügung. Mehr Infos unter www.otelo.de oder unter der Hotline 0180 180 3000 (zum Ortstarif).

SURFEN OHNE GRUNDGEBÜHR!
0180 180 3000
OHNE VERSTECKTE KOSTEN!

INTERNET für 1,9 PF*/MIN

Keine Steckdose? Kein Internetanschluss? Dann lassen Sie sich Ihre E-Mails doch über Ihr Handy vorlesen.

*Täglich ab 18 Uhr und das ganze Wochenende, ohne versteckte Kosten.

o.tel.o
For a better understanding

Dienstleistungsentwicklung in der Telekommunikation

Eine methodische Betrachtung

Christoph Hardtke

---

1 Einleitung

2 Dienstleistungen in der Telekommunikation

3 Grundsätzliches zur Diensteentwicklung

4 Referenzmodelle
    4.1 Das Darstellungsmodell
    4.2 Die Kernprozesse Dienstebereitstellung und Verfügbarkeitssicherung
        4.2.1 Dienstebereitstellung
        4.2.2 Verfügbarkeitssicherung
            4.2.2.1 Kundenbetreuung
    4.3 Schnittstellen im Darstellungsmodell
    4.4 Steuerungsfunktionen im Darstellungsmodell
    4.5 Das Vorgehensmodell
        4.5.1 Die Grundtypen von Vorgehensmodellen
        4.5.2 Das Phasenmodell
        4.5.3 Das Prototyping
        4.5.4 Das Spiralmodell
        4.5.5 Das Komponenten-Engineering

5 Der Entwicklungsprozess
    5.1 Der Entwicklungsprozess und seine Hilfsmittel
    5.2 Projektstrukturierung
    5.3 Realisierungsplanung
    5.4 Implementierungsphase
    5.5 Funktionaler Produkttest
    5.6 Probebetrieb

6 Zusammenfassung

7 Literaturverweise

1. Einleitung

Die Liberalisierung des Telekommunikationsmarktes in Deutschland ist aufgrund der Erfolgsgeschichte der vorangegangenen Mobilfunkliberalisierung ein Anlass zu großer Euphorie für die sich neu etablierenden Wettbewerber der Deutschen Telekom AG. Angesichts der Wachstumsprognosen für den Telekommunikationssektor, die Unzufriedenheit in der Bevölkerung mit dem Service der Deutschen Telekom AG, zu Recht oder nur vermutet, und die Chance, im liberalisierten Markt mit allen Arten von TK-Dienstleistungen antreten zu können, erscheint die Teilnahme am TK-Markt als Lizenz zum Gelddrucken. Entsprechend hoch ist die Euphorie der neuen Betreiber im Jahr 1997 im Hinblick auf das Leistungsangebot und den zukünftigen Markterfolg. So nimmt nahezu jeder der neuen Marktteilnehmer einen Marktanteil von etwa 10% für sich in Anspruch, was in der Konsequenz ein Schrumpfen der Deutschen Telekom deutlich unter 70% Marktanteil bedeutet.

Gleichzeitig entwickelte sich bei den neuen Wettbewerbern eine starke Techniklastigkeit, die den Dienstleistungsgedanken zugunsten des technisch fortgeschrittensten Netzkonzeptes vernachlässigte. Diese deutlich einseitige Ausrichtung auf die Technik ist durch den Wunsch motiviert, als innovativster Netzbetreiber wahrgenommen zu werden. So versuchen verschiedene neue Netzbetreiber, ein integriertes Daten- und Sprachnetz auf Basis der ATM –Technologie aufzubauen. Daten- und Sprachdienste sollen ein gemeinsames Netz nutzen, wobei die einzelnen Dienste auf jeweils dafür spezialisierten Netzknoten abgewickelt werden sollen. Zweifellos ein modernes Konzept. Allerdings ist die Technik noch nicht weit genug ausgereift, um es in die Praxis umsetzen zu können. Die entsprechenden Projekte scheitern ausnahmslos alle.

Erst in der zweiten Jahreshälfte 1997 entsteht bei der o.tel.o GmbH und auch anderen neuen Anbietern die Einsicht, so etwas wie Dienste entwickeln zu müssen, um zu Beginn des Jahres 1998 nicht mit leeren Händen am Markt zu erscheinen. Da jedoch Markterfahrungen über das optimale Diensteportfolio weitgehend fehlen, waren die ersten Dienste wieder sehr komplex und techniklastig. Zudem sind die Arbeitsabläufe für die Dienstebereitstellung und den Kundendienst nicht detailliert genug entwickelt und zudem ungenügend dokumentiert. Dazu kommen, hauptsächlich in der Abrechnung und der Kundenverwaltung, Schwierigkeiten mit den neu eingeführten IT-Systemen, die entweder nicht rechtzeitig fertiggestellt werden können oder von den IT-Fachabteilungen aufgrund ihrer hohen Komplexität noch nicht richtig beherrscht werden. Nahezu jeder neue Netzbetreiber kämpft mit diesen Problemen. VIAG Intercom kommt beispielsweise mit ihrem neuen Produkt Genion in der Startphase Mitte '98 mit der Freischaltung aufgrund des hohen Kundenandrangs nicht nach. Dies äußert sich in langen Wartezeiten für den Kunden bei der Freischaltung, falschen oder monatelang verspäteten Rechnungen und in mangelhaft informiertem Kundendienst.

Mit dem Marktstart 1998 treten bei den damals antretenden neuen Betreibern dann auch die Folgen des mangelhaften Entwicklungsstandes der Dienste auf, unter denen die Folgenden als typisch zu nennen sind:

- Auftragsstau in der Auftragsabwicklung für den Dienst "Preselection"1:
  Kunden müssen teilweise wochenlang auf ihre Umschaltung warten, da aufgrund mangelhafter Verfahrensweisen und umständlich zu bedienender IT-Systeme die Auftragsflut bei den neuen Netzbetreibern nicht rechtzeitig zu bewältigen war.

- Mangelhafte Termintreue:
  Aufgrund unzureichender Abwicklung komplexerer Dienste, wie beispielsweise beim Direktanschluss2 für große Nebenstellenanlagen, werden zugesagte Termine nicht immer eingehalten. Die beteiligten Abteilungen haben oft Kommunikationsprobleme untereinander, was ein teilweise chaotisch zu nennendes Erscheinungsbild abgibt.

- Netzprobleme:
  Die Telefonie-Last, die von den neuen Kunden auf das Sprachnetz gebracht wurde, sorgt vielerorts für gravierende Engpässe, so dass es für die Kunden bei einzelnen Anbietern zu einem Lotteriespiel wird, eine freie Leitung zu ergattern. Bekanntestes Beispiel hierfür ist Mobilcom, die mit ihrer aggressiven Preispolitik Mitte 1998 sehr viele Kunden gewinnt. Das Netz der Mobilcom ist diesem Ansturm jedoch nicht gewachsen, so dass die Kunden statt des gewünschten Gesprächspartners oft ein Besetzt-Zeichen erhalten.

---

1 Mit "Preselection" bezeichnet man einen Sprachservice, bei dem ein Ferngespräch über einen sog. Verbindungsnetzbetreiber geführt wird. Dabei wird der Anschluß des Kunden fest auf den von ihm gewählten Verbindungsnetzbetreiber umgestellt. Sobald der Kunde eine Ortsvorwahl wählt, wird sein Gespräch von dem Ortsnetzbetreiber, i.d.R. die Deutsche Telekom AG, in das Sprachnetz des Verbindungsnetzbetreibers, i.d.R einer der neuen Wettbewerber (Arcor, o.tel.o, Mobilcom, Tele2, Super24, etc), übergeleitet. Dieser leitet das Gespräch dann in seinem Netz zum Bestimmungsort. Dort wird das Gespräch dann wieder an den Ortsnetzbetreiber übergeleitet, der die Endverbindung zum Angerufenen herstellt. Die Abrechnung, i.d.R. zu deutlich geringeren Preisen als die Deutsche Telekom AG, erfolgt dann durch den Verbindungsnetzbetreiber, der auch die Rechnung für den Kunden erstellt und ihm zusendet.

2 Mit Direktanschluss bezeichnet man eine Anschlussart, bei welcher die Telefonanlage des Kunden vollständig vom bisherigen Netzbetreiber, i.d.R. die Deutsche Telekom AG, abgeklemmt wird und an einen neuen Netzbetreiber, bspw. Mannesmann Arcor, neu angeschaltet wird. Dies erfordert im Gegensatz zur Preselection eine neue Anschlussleitung und die Neukonfiguration des Anschlusses. Beides wird vom neuen Netzbetreiber bereitgestellt, wobei die Anschlussleitung als Mietleitung i.d.R. vom Netzbetreiber bei einem Carrier eingekauft wird. Bekannte Direktanschlußarten sind der ISDN Basisanschluss (2 x 64kbit/s) und der ISDN Primärmultiplexanschluss (30 x 64 kbit/s).

- Abrechnung:
  Die Abrechnungssysteme gehören mit zu den komplexesten und wichtigsten IT-Systemen eines Netzbetreibers und werden bei den neuen Wettbewerbern oft erst kurz vor Markstart betriebsbereit. Damit hatte das IT-Personal kaum Zeit, operative Erfahrungen zu gewinnen und die Systeme noch rechtzeitig in den Griff zu bekommen. Als Folge erhalten die Kunden monatelang keine oder fehlerhafte Rechnungen, Gespräche werden teilweise erst vier Monate, nachdem sie geführt wurden, abgerechnet.

Die aufkommende Kundenunzufriedenheit versucht man kurzfristig mit Gutschriften und personalintensiven Sonderlösungen in den Griff zu bekommen. So werden Kunden großzügige Rechnungsgutschriften gewährt, ohne genau prüfen zu können, ob der Anspruch überhaupt gerechtfertigt ist. Für Problembehebungen bei Geschäftskunden werden hochqualifizierte Ingenieure mit der Überprüfung von Leitungsverläufen, Auftragsverfolgung und Anschaltungen beschäftigt. Diese verbringen viel Zeit damit zu recherchieren, wer was gemacht hatte, wo beispielsweise die Anschlußleitung liegt, ob überhaupt eine bestellt worden war, wo die Anschlußkabel hingelegt und wie die Konfiguration der Nebenstellenanlage ausgeführt worden waren.

Die Wirtschaftlichkeit der Dienste und die Kundenzufriedenheit haben darunter sehr stark gelitten. Dies begründet die Erkenntnis, dass die Diensteentwicklung ein Schlüsselfaktor für den Erfolg von Diensteangeboten am Markt ist. Durch die Einführung der Diensteentwicklung soll sichergestellt werden, dass die Qualität der Dienstleistungen auf ausreichend hohem Niveau – bei gleichzeitiger Minimierung der Kosten für die Leistungserbringung - stabilisiert werden kann.

Dabei stehen die folgenden Themen im Mittelpunkt der Entwicklungsarbeit:

- Standardisierung der Arbeitsabläufe und Einführung einer ganzheitlichen Betrachtung aller für einen Dienst notwendigen Prozesse (Anfang-zu-Ende-Sicht, vom Auftragseingang über die Leistungserbringung bis zur Abrechnung, einschließlich der beteiligten Netz- und IT-Systeme)
- Standardisierung des Entwicklungsverfahrens selber als Garant für die Entwicklung kosten- und qualitätsoptimaler Dienste.
- Einführung von merkmalsorientierten Qualitätsmessungen zur Überwachung der Qualität der Leistungsausführung (siehe Kotler, Bliemel, Unterscheidung merkmalsorientierter und ereignisorientierter Qualitätsmessverfahren)

Gerade die Themen Zuverlässigkeit und Qualität der Ausführung von Telekommunikationsleistungen stehen Anfang 1998 im Mittelpunkt der Kritik an den neuen Wettbewerbern.

Die mangelnde Zuverlässigkeit der Leistungserbringung und immer wieder auftretende große Qualitätsschwankungen haben zu der Forderung nach einer Diensteentwicklung geführt bzw. deren Bedeutung für den Unternehmenserfolg deutlich gemacht. Auch in der Marketing-Literatur wird dies erkannt. So nennen Kotler und Bliemel die Technik des "Service Blue Printing" als eine Möglichkeit, einen hohen Qualitätsstand zuverlässig einzuhalten. Dabei wird "Service Blue Printing" als die Entwicklung geordneter Standardabläufe für die Erbringung von Dienstleistungen definiert. Diese Aussage deckt sich mit den Erfahrungen, die im liberalisierten Telekommunikationsmarkt 1998 gemacht wurden.

Heute ist die Diensteentwicklung für die vollständige, über alle Fachabteilungen reichende technische und prozessuale Umsetzung von Dienstekonzepten in reale, verkauf- und abrechenbare Dienstleistungen verantwortlich. Diese ganzheitliche Verantwortung bringt es mit sich, dass die Diensteentwicklung das Unternehmen und seine Abläufe in seiner Gesamtheit kennen muss und im Rahmen ihrer Entwicklungsarbeit mit allen Fachabteilungen des Betreibers zusammenarbeitet. Organisatorisch bildet die Diensteentwicklung eine Matrixfunktion, die in die Linienorganisation anfordernd und steuernd eingreift. Damit sammelt sich in der Diensteentwicklung ein großes Wissenspotential über die Funktionsweise und Möglichkeiten des Unternehmens an, was wiederum gerne auch von der Unternehmensleitung und strategischen Abteilungen zur Beurteilung und Planung strategischer Ausrichtungen herangezogen wird. Die Diensteentwicklung wird damit zu einem Schlüsselfaktor für den Erfolg des TK-Betreibers. Beispiele derartiger Organisationsformen finden sich bei Arcor und o.tel.o, deren Diensteentwicklungen in der oben beschriebenen Art und Weise arbeiten.

2 Dienstleistungen in der Telekommunikation

Nach Kotler und Bliemel ist eine Dienstleistung "... jede einem anderen angebotene Tätigkeit oder Leistung, die im wesentlichen immaterieller Natur ist und keine direkten Besitz- oder Eigentumsveränderung mit sich bringt. ...". Sie lassen sich danach unterscheiden, "ob sie im wesentlichen personell oder maschinell erbracht werden".

Diese Definition lässt sich auch auf Telekommunikationsleistungen übertragen, die ein Netzbetreiber seinen Kunden anbietet. Genauer betrachtet bestehen diese Leistungen im Allgemeinen aus einer maschinellen Kernleistung, dem eigentlichen Kommunikationsdienst und einer Anzahl von zusätzlichen Diensten, die sich in einer Schicht um den Kern herumlegen und den Nutzen der Kernleistung für den Kunden erhöhen. Zur Verdeutlichung dessen sei die Sprachtelefonie als bekanntestes Beispiel betrachtet. Kernleistung der Sprachtelefonie, sei es analog oder ISDN, ist der Aufbau einer Sprachverbindung durch das Sprachnetz von Teilnehmer A zu Teilnehmer B.

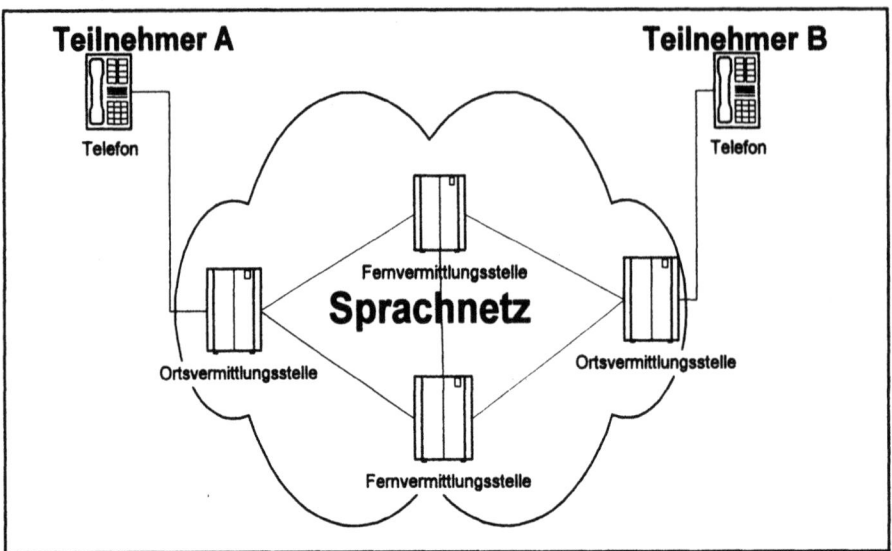

Abbildung 1: Der Telefoniedienst als Kern der ISDN-Dienstleistung

Die Verbindung wird im Netz aufgebaut, sobald Teilnehmer A die Rufnummer des Teilnehmers B wählt. Über die Verbindung können A und B dann sprechen oder, sofern es eine ISDN-Verbindung ist, auch unmittelbar Daten austauschen. Das ist der Kern der Telefoniedienstleistung, jedoch nicht alles, was wir von einem Netzbetreiber als Dienstleistung gewohnt sind. Weitere, begleitende Dienstleistungen, die sich in einer Schicht um den Kern legen, sind beispielsweise:

- die ISDN-Leistungsmerkmale wie Rufnummernanzeige, Gebührenanzeige, Dreierkonferenzschaltung usw., die der Netzbetreiber in seinem Netz einrichten und für den Kunden freischalten kann;
- die telefonische Kundenbetreuung bei Störungen, Beschwerden oder Anfragen zu bestimmten Funktionen;
- die Abrechnung mit Einzelverbindungsnachweis, die genauen Aufschluss über die Nutzung der Leistung gibt. Als zusätzliche Leistung kann der Kunde diese von einigen Betreibern (Deutsche Telekom AG, Mannesmann Arcor, o.tel.o und andere) auch auf elektronischem Weg erhalten (CD-ROM) und mit eigenen Systemen nachverarbeiten;
- die Auftragsabwicklung und Dienstbereitstellung, die möglichst schnell, termintreu und zuverlässig sein soll;
- und weitere kreative Dienste, die den Nutzen des Kerns Telefonie für den Kunden erhöhen (automatische Weckdienste, etc.).

Die richtige, an den Kundenbedürfnissen orientierte Zusammenstellung des Kerns und der zusätzlichen Begleitleistungen macht neben den Faktoren Preis, Zuverlässigkeit und Qualität die Attraktivität eines Telekommunikationsdiensteangebotes aus. Das ist auch eine der zentralen Erkenntnisse aus dem Jahr 1998, dass nicht allein der technische Kern der Dienstleistung, mag er noch so ausgefeilt und technisch fortgeschritten sein, den Erfolg einer Dienstleistung am Markt bestimmt, sondern die richtige Kombination qualitativ hochwertiger Begleitleistungen mit der Kernleistung. Ein Beispiel hierfür ist die Einführung der elektronischen Rechnung auf CD-ROM für Geschäftskunden, die ihre Telefonkosten elektronisch auswerten und in ihre Buchführung einfließen lassen wollten. Diese Forderung wird Mitte 1998 immer deutlicher von Kunden erhoben, die sogar ihre Kaufentscheidung vom Angebot einer elektronischen Rechnung abhängig machen. Unter diesem Marktdruck wird beispielsweise bei der o.tel.o GmbH im August 1998 die Entwicklung des Dienstes „Elektronische Rechnung" gestartet. Die elektronischen Rechnungen werden entweder auf einer CD-ROM mit entsprechender Auswerte-Software oder als Rohdaten in einer X.400 Mailbox jeweils monatlich bereitgestellt. Die Kunden sind damit in der Lage, die Kommunikationsdaten elektronisch weiter zu verarbeiten, entweder mit der beigestellten Auswertesoftware oder mit ihren eigenen Systemen, die die Daten aus der X.400 Mailbox beziehen können.

3. Grundsätzliches zur Diensteentwicklung

Der Auftrag der Diensteentwicklung erstreckt sich über den gesamten Dienst, von der Auftragsabwicklung über die Leistungserbringung bis zur Abrechnung und Kundenbetreuung und berücksichtigt nicht nur netztechnische Aspekte. Dies ist eine wesentliche Erkenntnis der neuen Wettbewerber, die aus der Startzeit 1997 / 1998 gewonnen wird und die zur bereits erwähnten ganzheitlichen Betrachtungsweise der Diensteentwicklung geführt hat.

Die Erfahrungen aus der Entwicklungsarbeit in den Jahren von 1997 bis heute zeigen, dass der Erfolg der Diensteentwicklung von zwei Faktoren wesentlich bestimmt wird:

1. Von der Organisation des Netzbetreibers und der Einbindung der Diensteentwicklung in diese Organisation.

2. Von dem Entwicklungsprozess, der die Qualität und Zuverlässigkeit der zu entwickelnden Dienste mit bestimmt und zudem die Kosten der Entwicklung eines Dienstes kontrollieren hilft.

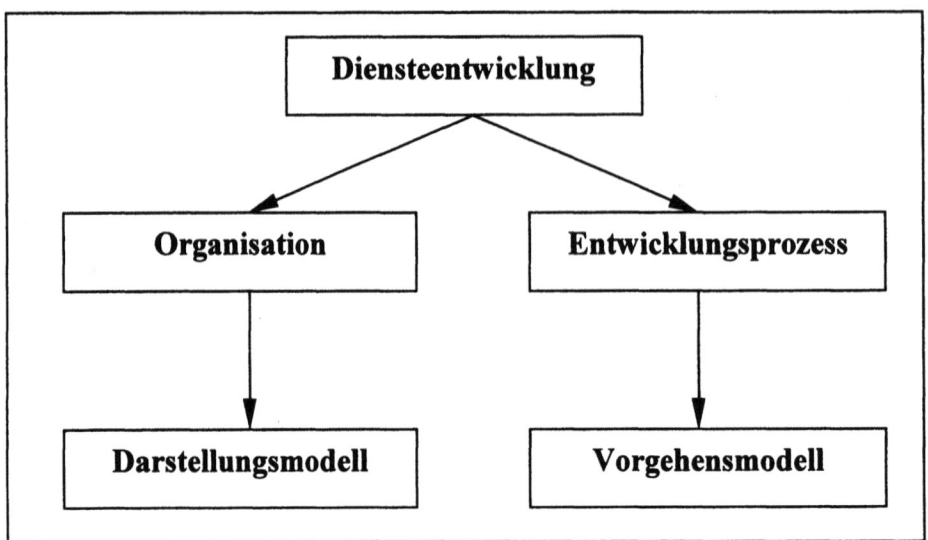

Abbildung 2: Erfolgsfaktoren der Diensteentwicklung

Beide Faktoren sind bei der Implementierung einer Diensteentwicklung innerhalb des Unternehmens zu berücksichtigen und werden hier untersucht.

4. Referenzmodelle

Wie in Abb. 2 dargestellt, gibt es für die Erschließung der beiden Faktoren "Organisation" und "Entwicklungsprozess" formalisierbare Verfahrensweisen, sog. Referenzmodelle, die als Leitfaden für die Implementierung einer Diensteentwicklung in einem neuen Unternehmen dienen können. Diese Referenzmodelle bieten eine grundsätzliche Darstellung der Organisationsform und des Entwicklungsprozesses als Hilfestellung für die Implementierung einer Diensteentwicklung. Durch Anpassung an die unternehmensspezifische Situation kann man aus diesen Modellen konkrete Handlungsanweisungen für die Implementierung einer Diensteentwicklung ableiten.

Das Darstellungsmodell dient dabei der Beschreibung der Organisationsform eines Unternehmens als System ineinander greifender Arbeitsinstanzen und ihrer Schnittstellen.

Das Vorgehensmodell dagegen beschreibt die Verfahrensweise der eigentlichen Entwicklung, also den Weg von der Idee zum verkaufsfähigen Produkt, und was dabei im Unternehmen auf welche Art und Weise getan werden muss. Das Vorgehensmodell dient als Leitfaden für die konkrete Ausgestaltung der Produktentwicklung innerhalb des Unternehmens.

4.1 Das Darstellungsmodell

Wie bereits oben angesprochen, bildet das Darstellungsmodell die Organisation eines Dienstleistungsunternehmens im Sinne seiner arbeitsteiligen Komponenten ab. Es beschreibt, wie das Dienstleistungsunternehmen arbeitet, also in welcher Weise bestimmte arbeitsteilige Komponenten ineinandergreifen und voneinander abhängen. Dies läßt sich am besten durch ein Dreieck mit den Eckpunkten: Arbeitsinstanzen, Kernprozesse und Schnittstellen veranschaulichen.

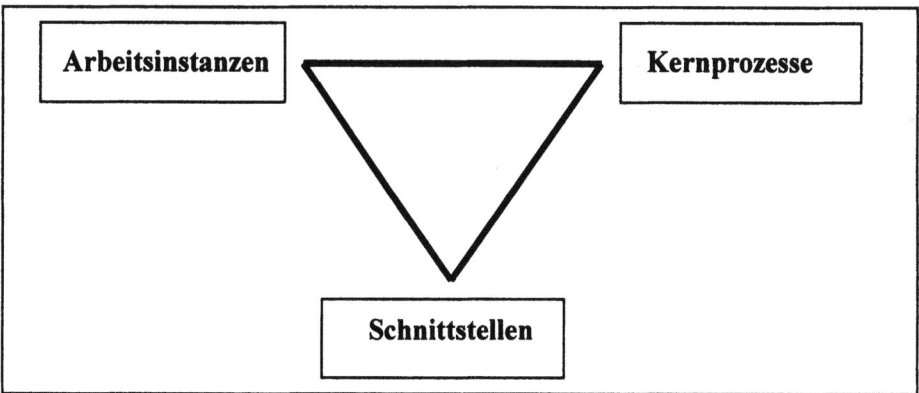

Abbildung 3: Das Dreieck aus Arbeitsinstanzen, Kernprozesse und Schnittstellen

Mit Arbeitsinstanzen sind dabei die einzelnen Abteilungen und ihre Aufgabe im Unternehmen gemeint.

Die Kernprozesse beschreiben die grundsätzlichen Arbeitsabläufe, in welche die Arbeitsinstanzen einbezogen sind. Als Kernprozeß bezeichnet man die Typen von Produktionsabläufen innerhalb eines Unternehmens, die durch das Produktionsziel, beispielsweise "Dienstebereitstellung" oder "Entstörung", gekennzeichnet sind. Der Kernprozeß ist für den bestimmten Produktionstyp immer möglichst allgemeingültig (generisch) gehalten, um eine Vielzahl von Produkten mit dem gleichen Kernprozess durch einfache Parametrisierung produzieren zu können.

Aus den Anforderungen der Kernprozesse und der Arbeitsinstanzen lassen sich die Schnittstellenbeziehungen ableiten, die für das Zusammenwirken der Arbeitsinstanzen notwendig sind. Dabei ist zu beachten, dass keiner der drei Eckpunkte isoliert betrachtet werden kann, sondern alle drei in Wechselwirkung zueinander stehen. In diesem Wechselspiel den für ein bestimmtes Produkt optimalen Produktionsprozeß zu entwickeln, ist die große Herausforderung der Diensteentwicklung

Am Beispiel eines Telekommunikationsbetreibers seien diese mehr theoretischen Betrachtungen näher erläutert.

Ein Telekommunikationsbetreiber benötigt für die Produktion und den Verkauf seiner Dienstleistungen die folgenden Arbeitsinstanzen:

- Vertrieb
- Kundendienst, auch "Customer Service" genannt
- Auftragsabwicklung
- Rechnungsstellung
- Forderungsüberwachung
- Netzbetrieb
- Außendienst

Zwei dieser Kernprozesse, die für die Produktion besonders wichtig sind, die Dienstebereitstellung und die Verfügbarkeitssicherung, werden im folgenden näher beschrieben.

4.2 Die Kernprozesse Dienstebereitstellung und Verfügbarkeitssicherung

4.2.1 Dienstebereitstellung

"Dienstebereitstellung" (oder "Service Provisioning") hat die Aufgabe, das vom Kunden in Auftrag gegebene Produkt "Telefondienst" ihm zum vereinbarten Termin und im vereinbarten Leistungsumfang bereitzustellen. Je nach Komplexität des Produktes und der technischen Bedingungen kann der Aufwand für die Dienstebereitstellung sehr unterschiedlich ausfallen. Bei einfachen Produkten mit begrenzter technischer Komplexität kann der Bereitstellungsprozess standardisiert werden (im Sinne einer Fließbandproduktion). Beispiel hierfür ist das Telefonieprodukt Preselection[1], das außer der Fernvermittlungsleistung keine eigenen Leistungsmerkmale besitzt. Damit ist dieses Produkt ideal abbildbar in einem automatisierten Massenprozess. Dieser Weg wurde beispielsweise bei der o.tel.o GmbH beschritten, die ihr Kundenverwaltungssystem gezielt auf Automatisierung aufgebaut hat. Ein Preselectionauftrag wird hierzu zunächst in ein Dokumentensystem eingelesen und das Image dabei klassifiziert. Gemäß seiner Klassifikation wird das

Image3 über einen elektronischen Workflow in Arbeitslisten der Auftragssachbearbeiter eingestellt. Diese erhalten ihre Arbeitslisten am Bildschirm angezeigt und tragen die Daten vom Image in ein Auftragsvorerfassungssystem ein. Dieser manuelle Schritt ist noch notwendig, da die Verfahren zur optischen Schrifterkennung (OCR, Optical Character Recognition) sich in der Praxis mit ihrer Vielfalt von Handschriften als noch nicht brauchbar erwiesen haben. Das Vorerfassungssystem ist jedoch so ergonomisch gestaltet, dass eine Auftragserfassung im Schnitt nicht länger als drei Minuten dauert. Danach laufen die nachgeordneten Prozesse mit Bonitätsprüfung, Anschlusseinrichtung im Sprachnetz, Versand der Voreinstellungsdaten an die Deutsche Telekom AG und Eintrag in das Billingsystem, durch einen elektronischen Workflow gesteuert, automatisch ab. Diese Automatisierung versetzt die Auftragsbearbeitung in die Lage, mehrere zehntausend Aufträge pro Monat abzuwickeln.

Es wird deutlich, daß der Prozess wesentlich vom Auftragsmanagementsystem getragen wird. Anpassungen des Prozesses an geänderte Inhalte (zur Einführung neuer Produkte) bedürfen sofort auch der Änderung des Systems. Arbeitsorganisation und Systementwicklung müssen hier Hand in Hand arbeiten. Dies sicherzustellen und, im Vorlauf dazu, die zu ändernden Inhalte zu spezifizieren, ist Aufgabe der Diensteentwicklung.

Bei höherwertigen Produkten, wie es beispielsweise der ISDN Direktanschluß mit seinen Leistungsmerkmalen ist, wird der Bereitstellungsprozess aufgrund der schwierigeren technischen Gegebenheiten bereits wesentlich komplexer.

Der Kunde muß im Sprachnetz einen Anschluß mit einem kundenspezifischen Leistungsmerkmalprofil eingerichtet bekommen. Weiterhin muß der Kunde über eine eigene Anschlussleitung direkt mit dem Sprachnetz verbunden werden. Dies kann entweder über eine sog 2 MB-Anschlussleitung (für Anschlüsse von S2M Nebenstellenanlagen) oder den entbündelten Teilnehmerzugang4 (für ISDN-Basisanschlüsse) realisiert werden. Zudem ermöglicht die ISDN-Technik das individuelle "Zuschneiden" eines Telefonanschlusses auf die Bedürfnisse seines Nutzers, besonders im umsatzträchtigen Großkundensegment, wo fast ausschließlich Nebenstellenanlagen angeschaltet werden. Dies erschwert jedoch die Standardisierung als Voraussetzung für eine Massenprodukti-

---

3 Als Image bezeichnet man das elektronische Abbild des eingelesenen Auftragsformulars. Dieses Abbild kann auf dem Bildschirm des Bearbeiters angezeigt werden und sieht wie das Originaldokument aus. (engl.: scanned image)
4 Mit dem entbündelten Teilnehmerzugang bezeichnet man eine Anschlußvariante für Analogoder ISDN-Anschlüsse. Hierbei "entbündelt" die Deutsche Telekom AG ihre Ortsanschlüsse und stellt die Leitungen einzeln bereit. Alternative Netzbetreiber können diese Leitungen auf Antrag bei der Deutschen Telekom AG abschalten und auf ihr eigenes Netz aufschalten lassen. Der Kunde erhält dann seine gesamten Telekommunikationsleistungen einschließlich der Ortsgespräche über den alternativen Netzbetreiber. Produktbeispiele hierfür sind "o.tel.o Komplettanschluss", "Arcor ISDN" oder "Mobilcom City Ortsanschluss".

on. Da aber nur letztere in den Kosten beherrschbar ist, kommt dem Darstellungsmodell gerade hier eine außerordentlich wichtige Rolle zu.

Doch zurück zum Prozess: zunächst muss der Kundenauftrag vom Vertrieb zur Auftragsabwicklung gelangen. Dort wird er in das Kundenverwaltungssystem eingegeben, bonitätsgeprüft und im Billingsystem als Vertrag angelegt. Parallel dazu wird der Kunde in das Kundenmonitoring der Forderungsüberwachung aufgenommen, um seine Zahlungsmoral zu kontrollieren. Danach wird jeweils ein Arbeitsauftrag an den Netzbetrieb für die Anschlußeinrichtung in der Ortsvermittlungsstelle des Sprachnetzes und an die Außendienstorganisation für das Legen der Anschlußleitung und Anschließen der Kundenanlage herausgegeben (siehe auch Abbildung Eins). Es sind also eine Reihe von Schnittstellen notwendig, um die Bereitstellung des ISDN-Direktanschlusses qualitativ einwandfrei durchzuziehen. Diese Schnittstellen sollten soweit wie möglich standardisiert werden, damit Änderungen an der Dienstleistung oder neue Dienstleistungen keine Neuentwicklungen, sondern nur Anpassungen erfordern. Damit vermeidet man von vornherein einen Wildwuchs von dienstleistungsspezifischen Prozessen und Sonderregelungen, den später niemand mehr beherrschen kann.

Das Darstellungsmodell eines Telekommunikationsbetreibers beschreibt nun diese Schnittstellen und Arbeitsbeziehungen der o.g. Abteilungen auf generische, also für die Telekommunikation typische Art und Weise. Generisch heißt dabei nicht "allgemein", sondern bildet die für die Telekommunikation typischen und immer benötigten Schnittstellen und Arbeitsinstanzen ab. Damit hat man einen Leitfaden, anhand dessen die eigene Organisation aufgebaut oder auf Effektivität überprüft werden kann. Führt man mit Hilfe eines Darstellungsmodells eine Analyse der Organisation und der Abläufe durch, lassen sich sehr schnell auch Brüche und Schnittstellenprobleme im Zusammenwirken der einzelnen Arbeitsinstanzen aufzeigen. Dies gestattet die gezielte Suche nach Verbesserungspotentialen zur Effektivitätssteigerung.

In Abbildung 4 ist, vereinfachend, ein Darstellungsmodell eines Telekommunikationsbetreibers für den Kernprozess der Dienstebereitstellung dargestellt.

Dienstleistungsentwicklung in der Telekommunikation

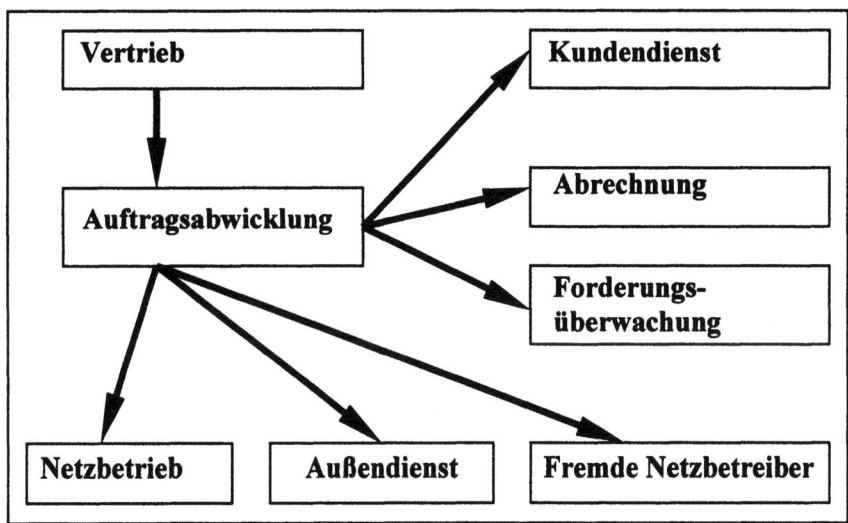

Abbildung 4: Darstellungsmodell eines TK-Netzbetreibers für die Dienstebereitstellung

Die Pfeile bezeichnen dabei in erster Näherung die Schnittstellenbeziehungen der Arbeitsinstanzen, wobei die Pfeilrichtung die Richtung der Steuerung angibt, d.h. wer wem Aufträge erteilt. In dieser Darstellung hat die Auftragsabwicklung die zentrale Steuerung, indem sie Arbeitsaufträge an alle übrigen Instanzen vergibt. Entsprechend stabil und zuverlässig muß diese Instanz arbeiten. Der Vorteil dieses Modells steckt in der Parallelität der Arbeitsaufträge, die eine schnelle Dienstbereitstellung ermöglicht. Der Nachteil liegt darin, dass Fehler der Auftragsabwicklung oder nicht ausführbare Aufträge auch an all denjenigen Instanzen wieder bereinigt oder rück-abgewickelt werden müssen, die bereits Aufträge erhalten haben. Hierüber, bei hohem Auftragsaufkommen, den Überblick zu behalten ist eine sehr große Herausforderung. Daher eignet sich dieses Verfahren auch im Wesentlichen für bereits eingeschwungene Organisationen mit Betriebserfahrung.

Grundsätzlich sind auch andere Darstellungsmodelle denkbar, beispielsweise ein dezentrales Modell mit einem mehr sequentiellen Ablauf. Das heißt: der Auftrag durchläuft nacheinander die notwendigen Instanzen, bis zum Schluss der Anschluss eingerichtet ist. Vorteil dieses Modells ist die größere Ablaufsicherheit durch sequentielles Arbeiten ("Stein auf Stein"); sein Nachteil liegt in den längeren Durchlaufzeiten des Auftrags. Ein solches Modell ist daher gut geeignet, um Betriebserfahrungen in neu aufgebauten Organisationen zu gewinnen.

Zur weiteren Vervollständigung müssen die Schnittstellen (Pfeile) und die Arbeitsinstanzen (Blöcke) generisch beschrieben werden. Hierfür ist es erforderlich, die Komponenten der Dienstebereitstellung im Detail auf die benötigten Abläufe hin zu untersuchen, um Schnittstellenanforderungen definieren zu können.

4.2.2 Verfügbarkeitssicherung

Die Verfügbarkeitssicherung (oder "Service Assurance") hat die Aufgabe, die Dienstleistung "Telefondienst" mit gleichbleibender und vertraglich festgelegter Qualität dem Kunden dauerhaft zur Verfügung zu halten. Diese in einem Satz definierte Forderung in der Praxis auch umzusetzen, bedarf jedoch einiger Anstrengungen und kann einer der größten Kostenfaktoren sein. Wesentliche Teilaufgaben der Verfügbarkeitssicherung sind:

- Überwachen des Netzes und rechtzeitiges Erkennen von Fehlfunktionen
- Verfahren zur koordinierten Fehlerbeseitigung in vernetzten Systemen
- Vor-Ort-Einsätze an den betroffenen Systemen
- geplante Wartungsmaßnahmen
- Kundeninformation

Zur Wahrnehmung dieser Aufgaben sind sowohl zentrale als auch dezentrale Organisationseinheiten notwendig, die in einem aufeinander abgestimmten Verfahren arbeiten müssen. Beherrschendes Charakteristikum der Verfügbarkeitssicherung in der Telekommunikation sind die sog. "Service Level Agreements" (SLA). Diese spezifizieren die Qualitätsparameter eines Telekommunikationsdienstes, die vom Netzbetreiber als Hersteller des Dienstes einzuhalten sind. Typischer Parameter der SLA in der Sprachkommunikation sind:

- Maximal erlaubte Ausfallzeiten pro Tag, Woche, Monat oder Jahr
- Maximal erlaubt Dauer eines einzelnen Ausfalls in Stunden
- Maximal erlaubte Wiederanlaufzeit eines Dienstes nach Ausfall
- Maximale Dauer der Anreisezeit eines Servicetechnikers vor Ort
- Durchlasswahrscheinlichkeit im Sprachnetz (Wahrscheinlichkeit, dass ein gewünschter Anruf zum Ziel durchgestellt wird)

Darüber hinaus gibt es weitere Parameter für Datenübertragungsdienste, die hier aufzuzählen zu weit führen würde.

Um diese SLA-Parameter einhalten zu können, muss die Bearbeitungskette von der Störungsannahme im Kundenservice über den Netzbetrieb bis hin zum Außendienst durchgeplant sein, wobei es darauf ankommt, soweit wie möglich typische Störungsbilder in einem Regelprozess zu erfassen. Ziel ist es, auf diese Weise die aufwendige und teure individuelle Fehlersuche auf ein Minimum einzuschränken und Personal für die Fehlerbeseitigung zeitlich und kostenmäßig effizient einzusetzen.

Auch hier ist das Darstellungsmodell des Service Assurance-Prozesses von großem Nutzen wenn es gilt, die Schnittstellen und Arbeitsinstanzen der Service Assurance-Organisation zu bestimmen.

4.2.2.1 Kundenbetreuung

Teil des Service Assurance ist der Kundendienst, dessen Aufgabe die Unterstützung der Kunden in allen die Produkte und das Unternehmen betreffenden Fragen ist. Die an den Kundendienst gestellten Anfragen lassen sich unterteilen in Informationsfragen, die Dienstleistungen betreffen und Beschwerden aufgrund von Leistungsstörungen.

Zur Erfüllung dieser Aufgaben benötigt die Kundenbetreuung zwei wesentliche Hilfsmittel:

- Ein Informationspool, aus dem sich Informationsfragen beantworten lassen (Produkt-Datenbank).
- Ein System für Störungsmanagement, mit welchem der Kundenbetreuung Störungsmeldungen an den Netzbetrieb abgeben und Meldungen zur Fehlerbeseitigung entgegennehmen kann. Dieses System ist das Kern-Informationssystem für den Service Assurance-Prozess und verbindet Kundenbetreuung, Netzbetrieb und Außendienst informationstechnisch miteinander.

4.3   Schnittstellen im Darstellungsmodell

Jede einzelne dieser Arbeitsinstanzen ist also über Schnittstellen mit den darunter und darüber liegenden Instanzen verbunden. Die Art und Weise des Informationsaustausches über diese Schnittstellen sollte weitgehend produktunabhängig und standardisiert sein, ähnlich einem "Protokoll" in der Informationstechnik. Erst die Inhalte, die über diese "Protokolle" übertragen werden, sind produktspezifisch. Der Grad der Standardisierung von Schnittstellen und Informationsaustausch entscheidet dabei wesentlich über die Flexibiliät und damit über die Geschwindigkeit, in der Änderungen an bestehenden Produkten oder neue Produkte eingeführt werden können. Greift das Protokoll bis in die Ebene der Inhalte hinein, so muss es jeweils bei Einführung neuer Produkte geändert werden. Die Schnittstelle wird damit "starr" und ist nur mit Aufwand zu ändern. Greift das Protokoll zu kurz, muss mit einer Änderung auch immer ein Teil der Schnittstelle mitgeformt, also ein neuer Protokollteil erzeugt werden, was zusätzlichen Aufwand bedeutet. Daher ist die richtige Standardisierung von Schnittstellen ein wesentlicher Faktor bei der effizienten und schnellen Einführung von neuen Produkten oder Produktänderungen.

4.4 Steuerungsfunktionen im Darstellungsmodell

Die bisherigen Abschnitte über das Darstellungsmodell haben sich auf einen bereits bestehenden Produktionsprozess für Dienstebereitstellung oder Verfügbarkeitssicherung konzentriert. Bei Einführung neuer Kommunikationsdienste ergeben sich jedoch Änderungen an diesem Prozess. Damit erhebt sich die Frage, welche Änderungen überhaupt notwendig sind und wie diese kontrolliert in den Produktionsprozess eingebracht werden können.

Die Beantwortung dieser Frage führt geradewegs auf die Diensteentwicklung zu. Abstrakt gesprochen ist die Diensteentwicklung eine Steuerungsfunktion innerhalb des Darstellungsmodells, da sie Inhalte von Arbeitsinstanzen, Schnittstellen und Abläufe verändern kann und so den Produktionsprozess steuert. Änderungen können dabei durch geänderte Randbedingungen (bspw. Änderungen der Gesetzeslage) oder durch Einführung neuer Kommunikationsdienste notwendig werden.

Die Dienstleistungsentwicklung als Organisationseinheit, die Änderungen oder Neuerungen spezifiziert und umsetzt, wird in das Darstellungmodell eingearbeitet. Erzeugen lassen sich die Funktionen der Diensteentwicklung, indem man dem Darstellungmodell aus Abbildung 4 noch eine auf alle Instanzen zugreifende Funktion hinzufügt.

Die Diensteentwicklung selber benötigt jedoch die Vorgabe dessen, was zu entwickeln ist, d.h. welche Dienstleistungen an den Markt gebracht werden sollen. Hierzu wird sie ihrerseits von einer weiteren Steuerungsfunktion, dem Produktmanagement, gesteuert im Sinne einer Auftraggeber-Auftragnehmer-Beziehung. Das Produktmanagement übergibt seine Anforderungen an einen Kommunikationsdienst in Form einer funktionalen Dienstespezifikation an die Diensteentwicklung. Die Diensteentwicklung leitet aus dieser funktionalen Spezifikation die notwendigen Änderungen an Technik und Prozessen ab und spezifiziert und implementiert diese in den Arbeitsinstanzen.

Eine weitere, auf alle Instanzen zugreifende Funktion ist das Qualitätsmanagement, das die Qualität der Leistungserbringung[5] misst und darüber entsprechend berichtet.

Sie wird hier nur der Vollständigkeit halber erwähnt, ohne weiter beschrieben zu werden.

---

[5] Mit "Leistungserbringung" ist die Leistung der Dienstbereitsstellung und Verfügbarkeitssicherung gemeint. Für beide Leistungen lassen sich Service Level Agreements definieren, die den Charakter von Qualitätsparametern haben und eine objektive Messung der Leistungsqualität ermöglichen. Einfache Beispiele für die Dienstebereitstellung ist die Durchlaufzeit eines Auftrags oder die Termintreue bei Installationsarbeiten; für die Verfügbarkeitssicherung sind Beispiele in Abschnitt 4.2.2 aufgeführt.

4.5 Das Vorgehensmodell

Der folgende Teil über Vorgehensmodelle beschäftigt sich direkt mit der Arbeit der Diensteentwicklung und den verschiedenen Arten von Entwicklungsprozessen, die als Vorgehensmodell bezeichnet werden.

4.5.1 Die Grundtypen von Vorgehensmodellen

Das Vorgehensmodell beschreibt die Vorgehensweise bei der Entwicklung neuer Dienstleistungen. Wie das Darstellungsmodell einen Leitfaden für die Organisation eines Telekommunikationsbetreibers ist, liefert das Vorgehensmodell einen Leitfaden für die Entwicklungsmethodik, also für das strukturierte Vorgehen bei der Entwicklung von Dienstleistungen. Damit wird das Ziel verfolgt, den Entwicklungsprozess transparent und nachvollziehbar zu gestalten, die Entwicklungskosten auf ein Minimum zu senken und die vollständige Dokumentation der Arbeiten sicherzustellen.

In der Telekommunikation gibt es nun eine Vielzahl von unterschiedlichen Dienstleistungen, vom einfachen Preselection-Dienst über den ISDN-Direktanschluß und Datenübertragungsdiensten bis hin zu ganzen Unternehmensnetzen (Corporate Networks), die von einem Telekommunikationsbetreiber als Dienstleistungen angeboten werden können. Von den inhaltlichen Unterschieden abgesehen, unterscheiden sie sich hinsichtlich ihrer Komplexität, sprich der Anzahl der benötigten Arbeitsschritte, -instanzen und Schnittstellen. Um diese Vielfalt dennoch abzudecken, werden in der Literatur vier Typen von Vorgehensmodellen erwähnt, die im Folgenden auf ihre Anwendbarkeit hin untersucht werden:

Modell	Anwendungsbereich
Phasenmodell	Einfache Dienstleistungen mit niedrigem Innovationsgrad, die sequentiell entwickelt werden können.
Prototyping	Entwicklung von Prototypen, oftmals als kundenspezifische Projekte, die zu einer Dienstleistung weiterentwickelt werden können.
Spiralmodell	Innovative Dienstleistungen hoher Komplexität, die zur Leistungsoptimierung das mehrfache Durchlaufen eines Entwicklungszyklus benötigen.
Komponenten-Engineering	Komplexe Dienstleistungen, die jedoch aus einzelnen Komponenten bestehen. Die Entwicklung besteht darin, die einzelnen Komponenten dienstespezifisch zu parametrisieren und miteinander zu verknüpfen.

Tabelle 1 : Vorgehensmodelle

4.5.2 Das Phasenmodell

Wie der Name bereits sagt, handelt es sich hierbei um eine Vorgehensweise in mehreren Phasen, die sequentiell aufeinander folgen. Dies setzt voraus, dass die dazugehörige Dienstleistung nacheinander entwickelt werden kann. D.h. es gibt in erster Näherung keine Beziehung, die mehr als zwei Arbeitsinstanzen umfaßt. Es ist also sicherzustellen, dass Inhalte aus vorhergehenden Arbeitsinstanzen nicht durch Inhalte der nachfolgenden Arbeitsinstanzen Änderungen erfahren. Nur dann kann man nacheinander die produktspezifischen Inhalte der einzelnen Arbeitsinstanzen entwickeln.

Es liegt auf der Hand, daß dies nur für sehr einfache Dienstleistungen der Fall ist, daher ist das Phasenmodell auch nur sehr begrenzt einsetzbar. Es ist jedoch gut geeignet, wenn man sich, sozusagen als Vorstufe des eigentlichen Modellbaus, zunächst einmal in einfachen Begriffen eine Übersicht über den zu konstruierenden Entwicklungsprozess schaffen will. Hier liegt der eigentliche Nutzen des Phasenmodells, sozusagen als "Modell des ersten Entwurfs".

4.5.3 Das Prototyping

Eine für einen speziellen Zweck oder ein Kundenprojekt entwickelte Dienstleistung kann unter bestimmten Bedingungen vom speziellen Anwendungsfall weg zu einem Produkt weiterentwickelt werden. Dies bezeichnet man als Prototyping. Man trifft diese Fragestellung auch in der Softwareindustrie an, wenn für eine spezielle Kundenanforderung ein Applikationsprogramm entwickelt wird. Irgendwann kommt der nächste Kunde mit einem ähnlichen Problem, das mit einer Anpassung des bestehenden "Prototyps" gelöst werden kann. Es stellt sich dann die Frage, ob hier eine allgemeine Problemstellung vorliegt, die man durch geschickte Anpassung ein und desselben "Prototyps" lösen kann. Hierbei kommt es darauf an, aus den vorliegenden Kundenanforderungen möglichst genau eine allgemein gültige Problemstellung herauszuarbeiten und in eine Produktspezifikation umzusetzen. Dabei ist eine möglichst hohe Flexibilität des Produktes zu erreichen ohne dabei Einbußen der Lösungsmächtigkeit in Kauf zu nehmen. Anders ausgedrückt: Das Produkt darf nicht so allgemein werden, dass der Kunde sich mit seiner Problemstellung darin nicht mehr wiederfindet, andererseits muß es nur durch Parameteränderungen für eine Vielzahl von Kunden mit ähnlichen Problemstellungen nutzbar sein.

Dies führt im Rahmen des "Prototyping" zu einer gedanklichen Aufteilung des Produktes in einen Kern und in einen Parametersatz, der die Arbeitsergebnisse des Kerns je nach kundenindividueller Parameterlage variieren läßt. So kann man später Anpassungen an die individuelle Kundensituation durch einfache Parameteränderungen erreichen, ohne den Kern berühren zu müssen.

Ein typischer Anwendungsfall für das Prototyping sind die sog. Corporate Networks (CN) oder auch Unternehmensnetze. Dieser Bereich der Telekommunikation war bereits vor der eigentlichen Liberalisierung des TK-Marktes für neue Netzbetreiber freigegeben. Unter einem Corporate Network versteht man die Kopplung von Nebenstellenanlagen über ein von einem Netzbetreiber gestelltes und betriebenes nicht-öffentliches Sprachnetz. Damit können Nebenstellenanlagen von Unternehmen an verschiedenen Standorten untereinander vernetzt werden, so dass die Sprachkommunikation von einem Unternehmensstandort zu einem anderen nicht mehr das damals noch teure öffentliche Netz der Deutschen Telekom AG nutzen musste, sondern über diese deutlich billigeren Corporate Network lief.

In der Startphase der damaligen Netzbetreiber (1995/96) wurden Corporate Networks zunächst als vollständig kundenspezifische, individuelle Projekte mit entsprechendem Aufwand realisiert. Bei o.tel.o entschied man sich 1997 unter dem entstehenden Kosten- und Qualitätsdruck, diese Kundenprojekte auf standardisierbare Verfahrensweisen hin zu untersuchen, diese zu definieren und als Prozesse zu implementieren. Damit entstand als erstes Sprachprodukt der o.tel.o GmbH die Dienstleistung "o.tel.o Professional Voice Service" für die Anbindung von Nebenstellenanlagen an das nicht-öffentliche Sprachnetz der o.tel.o GmbH. Aufgrund der Liberalisierung des TK-Markets und der Möglichkeit des Aufbaus öffentlicher Sprachnetze auch für neue Netzbetreiber sind diese Dienste inzwischen allerdings von Sprachdiensten in öffentlichen Netzen abgelöst.

Ein aktuelles Beispiel ist die Realisierung eines Anschlusses für integrierte Sprach- und Datenübertragungsdienste über die sog."Point-to-Multipoint"-Richtfunktechnik. Der Netzbetreiber bietet seinen Kunden damit einen kompletten Anschluss direkt an sein eigenes Netz, ohne die Deutsche Telekom AG als Ortsnetzbetreiber zu nutzen. Über diesen Anschluss können dann variable Bandbreiten sowohl für Sprachdienste als auch Datendienste bereitgestellt werden. Da sowohl die Technik als auch das damit realisierbare Diensteangebot neu ist, werden die ersten Projekte meist als kundenindividuelle Lösungen, also Prototypen realisiert, jedoch sofort mit der Absicht, daraus standardisiert Produkte zu entwickeln.

4.5.4 Das Spiralmodell

Das Spiralmodell findet seine Anwendung bei komplexen Kommunikationsleistungen und ist das mit Abstand am meisten verwendete Modell. Typische Anwendungsfälle diese Modells sind Dienstleistungen mit einer starken Arbeitsteilung, die über viele Schnittstellen führt und viele Sonderfälle abdecken muss. Als Beispiel hierfür sei der ISDN-Direktanschluß noch einmal erwähnt, der von der Auftragsabwicklung über den Netzbetrieb bis hin zum Außendienst viele Arbeitsinstanzen beschäftigt. Dazu kommt, dass ISDN aufgrund seiner Leistungsmerkmale sehr verschiedene und kundenindividuelle Ausprägungen haben kann, die alle von den Arbeitsabläufen abgedeckt werden müssen.

Derartige Produkte lassen sich meist nicht im ersten Schritt zum vollen Qualitäts- und Leistungsumfang entwickeln. Um dennoch auch diese Dienstleistungen an den Markt zu bringen, bedient man sich des Spiralmodells.

Hierbei wird die Dienstleistung in mehrere aufeinanderfolgende Versionen zerlegt, bis die volle Funktionalität erreicht ist. Man beginnt dabei mit einer möglichst einfachen Form des Dienstes, die jedoch das am Markt erforderliche Minimum an Funktionalität enthalten muss. Der Funktionalitätsumfang der ersten Version kann gering sein, wenn es sich beispielsweise bei dem Dienst um eine technologische Neuerung ohne adäquaten Wettbewerb handelt oder der Dienst sehr preisattraktiv ist. Dennoch ist zu berücksichtigen, dass in der ersten Stufe oftmals die Grundlagen auch für spätere Stufen geschaffen werden. Die Grundstufe muß also so ausgelegt sein, dass der Einführung höherer Funktionalitätsstufen nicht von vornherein Barrieren in den Weg gelegt werden. Besonders wichtig wird dies bei der Anpassung der prozessunterstützenden IT-Systeme. Beachtet man hier nicht bereits zu Anfang auch später benötigte Funktionen, kann sich die Informationstechnik als Barriere erweisen. Damit ist die erste Stufe eines neuen Produktes auch immer die schwierigste und die am sorgfältigsten zu planende.

Nachdem die erste Stufe des Produktes gestartet wurde, wird die operative Ausführung der Dienstleistung sorgfältig überwacht. Die dabei gewonnenen Ergebnisse der Art und Qualität der operativen Ausführung sind wertvolle Information für die nächste Stufe, in der das Produkt sowohl mit Funktionalität angereichert werden als auch qualitative Verbesserungen erfahren soll. Diese Verbesserungen können entweder aus einer erhöhten und für den Kunden meßbare Qualitätssteigerung oder aus Effektivitätssteigerungen bzw. Kostensenkungen im operativen Ablauf bestehen.

Voraussetzung für die Erfassung der Produktqualität ist ein funktionierender Qualitätsmessprozess. Eine Möglichkeit, einen solchen Prozess aufzubauen, ist die Installation eines Systems von "Meßfühlern" innerhalb der Arbeitskette, die bestimmte, für die Prozessqualität aussagekräftige Kennzahlen in regelmäßigen Abständen erfasst. Solche Kennzahlen sind beispielsweise:

- Anzahl der bearbeiteten Aufträge in einer Arbeitsinstanz pro Zeiteinheit
- Anzahl der Rückläufer wegen fehlender oder falscher Informationen
- Anzahl der unbearbeiteten Aufträge im Auftragseingang pro Zeiteinheit
- Durchlaufzeit eines Auftrages
- Anzahl und Art der Kundenbeschwerden
- Statistische Daten über Art, Anzahl und Dauer von Störungen der Dienstleistung
- Häufigste Fehler bei der Dienstbereitstellung, auch in qulitativer Wertung (Fehlerschwere)

Mit der Erfassung dieser Parameter und der Auswertung lassen sich Schlussfolgerungen über systematische Störungen im Arbeitsablauf und Möglichkeiten der Effektivitätssteigerung gewinnen. Diese Erkenntnisse müssen dann wieder in die Entwicklung der nächsten Stufe zurückfließen. Damit ist die erste Runde der Spirale durchlaufen und der nächste Umlauf kann starten.

Ein solches Vorgehen ist seit langem aus der Softwareindustrie bekannt, wo es zu einem bestimmten Programm eine Vielzahl von Versionen gibt, die alle verschiedene Funktionalitätsstufen ein und desselben Programms sind. Ebenso findet dieses Modell Anwendung in der Telekommunikationsindustrie, da hier aufgrund der oben beschriebenen Schichten fast immer eine hohe Arbeitsteilung mit entsprechender Schnittstellenkomplexität vorliegt.

4.5.5 Das Komponenten-Engineering

Der Vollständigkeit halber sei erwähnt, dass es sich bei diesem Modell darum handelt, aus bereits bestehenden Komponenten oder Dienstleistungen neue Dienstleistungen zu erzeugen. In der Telekommunikation wird hierfür der Begriff "Produktbündelung" verwendet.

Hierbei werden bestehende Produkte miteinander verknüpft und die Verknüpfung vom Marketing als "neues" Produkt auf den Markt gebracht. Ein gutes Beispiel für eine Produktbündelung ist das unter dem Namen "Twinstar" von D2 Mannesmann Mobilfunk GmbH auf den Markt gebrachte Produkt. Hierbei wird die Dienstleistung "Preselection" mit der Dienstleistung Mobilfunk zu einem neuen Produkt verknüpft. Die Verknüpfung besteht darin, das der Kunde zwischen seinem eigenen Festnetzanschluss und seinem Handy zu vergünstigten Tarifen telefonieren kann. Das Kriterium der Bündelung ist also eine Tarifkoppelung von Preselection und Mobilfunk und ist ein typisches Kriterium für die meisten Produktbündelungen in der Telekommunikation. Dieses Verfahren ist sehr einfach, da man auf bereits bestehende Dienstleistungen zurückgreifen kann und meist auch nur kleine Änderungen in der Tarifgestaltung einbringen muss.

Die Produktbündelung ist daher typisch immer dann Instrument der Wahl, wenn bereits eine gewisse Anzahl von Grundprodukten besteht und man ohne großen Aufwand neue Produkte an den Markt bringen möchte. Sie kann durch geschickte Kombination auch dazu dienen, für bestimmte, schwieriger verkaufbare Dienste ein "Zugpferd" zu haben, mit dem sich diese Dienste besser vermarkten lassen. Außerdem ist sie ein hervorragendes Instrument des Marketing, da sich schon allein durch geschickte Kommunikation (Darstellung in Broschüren, gemeinsame Auftragsformulare, Werbung) in der Kundenwahrnehmung bereits "neue" Produkte bilden lassen, oftmals ohne die eigentlichen Produktprozesse überhaupt zu berühren.

5. Der Entwicklungsprozess

Um die eher theoretische Betrachtung der Vorgehensmodelle mit einem Anwendungbeispiel aus der Praxis zu ergänzen, wird im Folgenden ein konkreter Entwicklungsprozess beschrieben.

Der Deutlichkeit halber sei hier explizit das Verhältnis von Vorgehensmodell und Entwicklungsprozess zueinander erwähnt.

Wie bereits dargestellt, beschreibt das Vorgehensmodell eine bestimmte Methodik der Entwicklungsarbeit, die speziell auf die Entwicklungsaufgabe zugeschnitten ist. Je nach Art und Komplexität des zu entwickelnden Dienstes gibt es dabei unterschiedliche Methoden, diesen Dienst zu entwickeln.

Der Entwicklungsprozess beschreibt eine koordinierte Abfolge von grundsätzlichen Arbeitsschritten, an deren Ende der betriebsbereite Dienst steht. Dabei können unter Verwendung des gleichen Entwicklungsprozesses durchaus unterschiedliche Methoden, also Vorgehensmodelle angewendet werden. So kann beispielsweise der Entwicklungsprozess als Kreis geschlossen werden, also das Spiralmodell angewendet werden. Ist die Betriebsbereitschaft einer ersten Stufe des Dienstes erreicht, beginnt der gleiche Prozess zur Entwicklung der zweiten Stufe von vorn.

Ebenso können die anderen Modelle jeweils als konkrete Vorgehensweise innerhalb des gleichen Entwicklungsprozesses angewendet werden, je nach Art und Komplexität der Entwicklungsaufgabe.

5.1 Der Entwicklungsprozess und seine Hilfsmittel

Ziel des Entwicklungsprozesses ist, die anstehenden Arbeiten in eine sinnvolle Abfolge zu packen und das ganze Projekt in einzelne, miteinander gekoppelte Teilprojekte zu zerlegen. Das Projekt wird damit insgesamt beherrschbar, weil durch die Strukturierung des Projektes in miteinander gekoppelte Teilprojekte jederzeit eine Gesamtübersicht vorhanden ist. Dadurch ist der Produktentwickler in der Lage, innerhalb eines einzelnen Teilprojektes die benötigte Detailtiefe zu erreichen ohne Gefahr zu laufen, dabei das Gesamtprojekt aus den Augen zu verlieren.

Ausgangspunkt des Prozesses ist immer die Anforderung einer Dienstleistung durch Vertrieb, Produktmanagement oder Marketing. Abgeleitet aus den Marktanforderungen wird in einer Anforderungsspezifikation die Funktionalität dieser Dienste spezifiziert. Als Beispiel eines solchen Dienstes sei der Internetdienst "Unified Messaging" betrachtet, wie ihn beispielsweise Web.de unter dem Namen "Unified Messaging" oder die o.tel.o GmbH unter dem Namen "o.tel.o online office" anbieten.

Die Anforderungspezifikation enthält die Leistungsmerkmale aus Kundensicht, die dieser Dienst anbieten soll:

- Empfang und Versand von Fax, Sprachnachrichten, E-mail und SMS
- Konvertierung von E-mail in Fax oder SMS und umgekehrt
- Sprachanwahl und Vorlesenlassen von E-mails
- Filterfunktionen zur Filterung eingehender Nachrichten nach Absender, Inhalten, etc
- etc

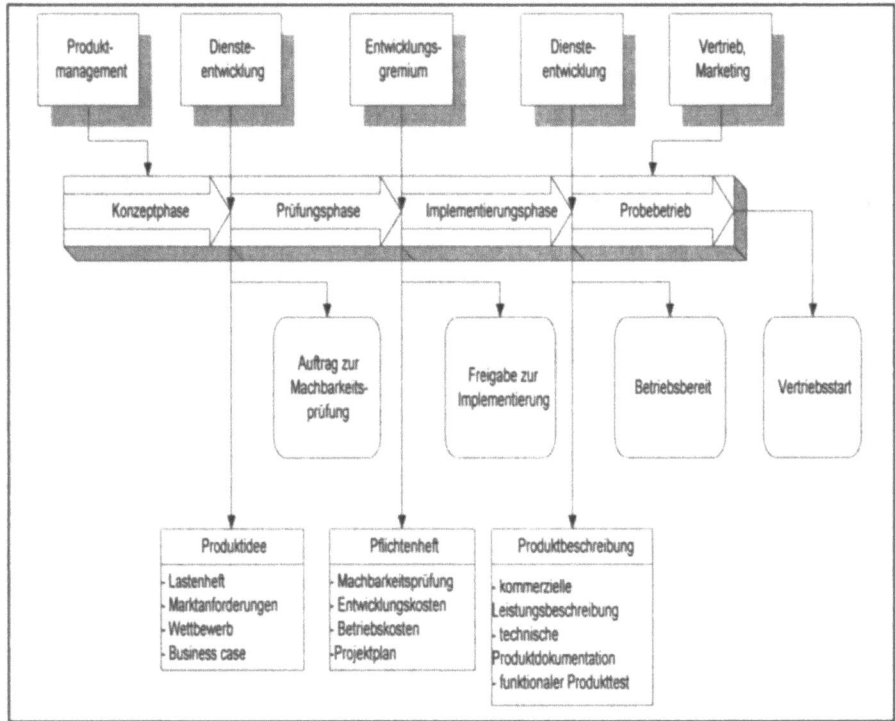

Abbildung 5: Schematische Darstellung des Entwicklungsprozesses

Diese Anforderungen werden innerhalb der Konzeptphase vom Produktmanagement definiert und in einem Lastenheft festgehalten. Dieses dient als Auftragsspezifikation des zu entwickelnden Dienstes. Das Lastenheft wird an die Diensteentwicklung übergeben, und mit dieser Übergabe startet das eigentliche Entwicklungsprojekt mit der Prüfung der Machbarkeit des Dienstes. Die Machbarkeitsprüfung ist somit der erste Entwicklungsschritt. Hierbei wird zunächst anhand des Umfangs und der Komplexität der zu entwikkelnden Dienstleistung das geeignete Vorgehensmodell geprüft. Ist die Dienstleistung komplex, wird beispielsweise das Spiralmodell angewendet, d.h. die Anforderungen in mehrere Entwicklungsstufen unterteilt und nacheinander in mehreren Zyklen oder auch Releases abgearbeitet. In unserem Beispiel des Unified Messaging kann dies bedeuten, dass zunächst die Funktionen des Fax-, E-mail- und SMS-Versands und die Konvertierung ineinander als erster Zyklus entwickelt werden. Im zweiten Zyklus folgen die Sprachnachrichten und die Sprachanwahlfähigkeit; in einem dritten Zyklus folgen Filterfunktionen und spezielle Sicherheitsfunktionen wie SSL-Verschlüsselung für E-Mail-Versand etc.

5.2 Projektstrukturierung

Im nächsten Schritt folgt die Strukturierung des Entwicklungsprojektes für den einzelnen Zyklus in seine Teilprojekte. Hierbei wird das Entwicklungsprojekt in einzelne Arbeitspakete aufgeteilt, die in sich geschlossene Teilprojekte bilden. Dieser Schritt ist sehr wichtig, da in ihm die planerischen Grundlagen für das Entwicklungsprojekt gelegt werden. Hier muss das Lastenheft auf alle zur Realisierung notwendigen Aktivitäten, Prozessabläufe und netztechnischen Leistungsmerkmale hin untersucht werden und diese in einem Arbeitsplan erfasst werden. Hierzu hilfreich ist ein vorstrukturierter Arbeitsplan, wie in Tabelle zwei dargestellt, der bereits die immer wiederkehrenden Teilprojekte enthält und somit sicherstellt, dass keine Aufgaben oder Arbeitsinstanzen bei dieser Planung außer Acht gelassen werden. Anhand des Lastenheftes und dieses Arbeitsplans kann man nun die Realisierung der Dienstleistung quasi am Reißbrett planen und alle notwendigen Aktivitäten auflisten. Sobald diese erstellt sind und über die Spalte "Vorgänger" inhaltlich miteinander verknüpft sind, kann die Tabelle in ein gängiges Projektplanungsprogramm eingelesen werden. Man braucht dann nur noch die für die einzelnen Arbeitsschritte benötigten Zeiten einzutragen und erhält damit auf einfache Weise den Gesamtprojektplan.

Produkt: Unified Messaging Service; Work Packages			
WP/ Nr.	Beschreibung/Erläuterung	Verantwortlich	Vorgänger
WP1	Management		
1.1	Projektauftrag für Produktentwicklung		12.1, 12.2
1.3	Präsentation Produktkonzept		
1.4	Genehmigung des Business Case		2.1

WP2	Controlling/Finanzen		
2.1	Business Plan festlegen, Mengen und Umsatzplanung, Kosten und Aufwendungen		2.4, 6.1
2.2	Einrichtung einer Projektkostenstelle		
2.3	Preismodell verabschieden		2.1
2.4	Provisionsmodell für Händler und Vertrieb festlegen		10.1
2.5	Umsatzvorgaben für Vertriebskanäle festlegen		2.1
WP3	Recht & Regulierung		
3.1	Leistungsbeschreibung prüfen und veröffentlichen		15.2
3.2	AGB's ggf erweitern und veröffentlichen		
3.3	Produktname prüfen und schützen		4.1
WP4	Marketing & Communications		
4.1	Produktnamen festlegen		
4.2	Mediaplan		
	- POS Materialien erweitern (Poster, Tafeln, Aufkleber)		
	- Print-Werbung (Magazine, Zeitungen, etc.)		
	- Radio, TV, Online		
	- PR Aktivitäten, Pressestrategie,		
4.3	Infopackage je Vertriebskanal erstellen		
4.4	Produkt auf Firmen-Homepage ausstellen		
4.5	Produktbroschüren und Preislisten erstellen		
4.6	Fax Infos für Saleskanäle (Preisliste und Beschreibung)		
4.7	Auftragsformulare drucken und an Vertriebskanäle verteilen		15.4
WP5	Service Provisioning		
WP 5a	*Prozesse Service Provisioning*		
5.1.a	Prozessdefinition Auftragsabwicklung		
5.2.a	Prozessdefinition Netzanschaltung		9.1

WP 5b	*Prozesse Service Assurance*		
5.1.b	Prozessdefinition Entstörung		9.1
5.2.b	Prozessdefinition Informationsanfragen		13.1
5.3.b	Prozessdefinition Beschwerdebehandlung		13.1
WP 5c	*Order Management*		
5.1.c	Arbeitsanweisungen erstellen		5.1.a
5.2.c	Prozessablauf Auftragsbearbeitung schulen		5.1.c
WP 5d	*Kundenservice*		
5.1.d	Schulung Entstörablauf		5.1.b
5.2.d	Produktschulung, Argumentationshilfen		5.2.b
5.3.d	Schulung Beschwerdebehandlung		5.3.b
WP 5e	*Forderungsmanagement*		
5.1.e	Verfahren Bonitätsprüfung definieren		
5.2.e	Anforderungen zum Kundenmonitoring definieren		
5.3.e	Anforderungen an eine Blacklist definieren		
WP 6	**Pricing**		
6.1	Preismodell erstellen		
6.2	Tarifspezifikation erstellen		6.1
WP 7	**Billing**		
7.1	Prüfung Tarifmodell auf Vollständigkeit und Machbakeit		6.2
7.2	Implementierung und Test Tarifmodell		7.1
WP 8	**IT**		
WP 8a	*Kundenverwaltungssystem*		
8.1.a	Spezifikation Azuftragsdatenerfassung		5.1.a
8.2.a	Implementierung Auftragserfassung im IT-System		8.1.a
8.3.a	Integrationstest Auftragserfassung und Abrechnung		8.2.a
WP 9	**Netz: Sprache / Internet**		

9.1	Systemspezifikation UMS		13.1
9.2	Ausschreibung UMS-System		9.1
9.3	Angebotsevaluierung und Herstellerauswahl		9.2
9.4	Systemimplementierung		9.3
9.5	Test und Abnahme		9.4
9.6	Produktionseinführung		9.5
WP 10	**Provisionsabrechnung für Vertriebskanäle**		
10.1	Spezifikation Provisionsmodell		
10.2	Implementierung Provisionsmodell im IT-System		2.4
10.3	Testlauf und Abnahme Provisionsabrechnung		10.3
WP 11	**Vertrieb**		
11.1	Produktschulung		15.3
11.2	Argumentationshilfen für den Vertrieb erstellen		15.3
WP 12	**Markt & Wettbewerb**		
12.1	Wettbewerbsanalyse		
12.2	Produktpositionierung		12.1
WP 13	**Produktentwicklung**		
13.1	Erstellung Pflichtenheft		15.1
13.2	Erstellung Produktbeschreibung		
WP14	**Training**		
14.1	Produktschulungen, Prozessschulungen		
WP15	**Produktmanagement**		
15.1	Lastenheft mit Produktanforderungen erstellen		
15.2	Leistungsbeschreibung erstellen		
15.3	Produktbeschreibung für Vertrieb erstellen		
15.4	Auftragsformular und Ausfüllhilfen entwickeln		

Tabelle 2: Beispiel eines Arbeitsplanes für einen Unified Messaging Service

Bei dem Beispiel des Unified Messaging Dienstes müssen z.B. im WP 9 „Sprache/Internet" alle Aktivitäten für die Systemauswahl und Implementierung eines Unified Messaging Systems[6] aufgeführt werden. Ebenso muß im WP 7 „Billing" die Prüfung und Implementierung eines Tarifmodells durchgeführt werden, wobei als Vorgänger die Pricingstelle im WP 6 „Pricing" die dafür benötigte Tarifspezifikation liefern muss.

5.3 Realisierungsplanung

Nach dieser "Reißbrettplanung" muss die Diensteentwicklung alle benötigten Arbeitsinstanzen (Fachabteilungen) ansprechen, mit diesen ihre zugeordneten Arbeitspakete durchsprechen und auf Realisierbarkeit hin prüfen. Ergebnis dieses Arbeitsschrittes ist ein Dokument mit genauen Realisierungsvorschriften und -angaben einschließlich der für die Realisierung benötigten Kosten. Dieses Dokument trägt, da es die Realisierungspflichten beschreibt, den Namen "Pflichtenheft".

Anhand dieses Pflichtenheftes können nun Beschlussvorlagen für ein Entscheidungsgremium (in Abb. 5, Entwicklungsgremium) erstellt werden um über die Realisierung des Projektes zu entscheiden. Die Einbringung derartiger Beschlussvorlagen ist ein wichtiger Meilenstein, da auf ihrer Grundlage zum ersten Mal innerhalb des Entwicklungsprozesses über zur Realisierung des Projektes notwendige Investitionen entschieden wird.

5.4 Implementierungsphase

Die nachfolgende Implementierungsphase wird durch das Pflichtenheft, den Arbeitsplan und den Projektplan beschrieben, hier kommt es wesentlich auf ein effizientes Projektmanagement an, welches die Umsetzung des Pflichtenheftes überwacht. In diese Phase fällt auch die Erstellung der Produktbeschreibung als Dokumentation der Realisierung des Dienstes. Die Produktbeschreibung enthält dabei sowohl die Funktions- und Leistungsmerkmale der Dienstleistung als auch die Beschreibung der technischen und prozessualen Realisierung. Ihre große Bedeutung gewinnt die Produktbeschreibung dadurch, dass sie das einzige Dokument ist, in der die Funktion und der Ablauf einer Dienstleistung im Detail beschrieben steht. Sie ist damit Referenzdokument für alle an

---

6 Das Unified Messaging System ist ein netztechnisches System, welches die Funktionen des Unified Messaging bereitstellt. Es kann sowohl auf einer IN-basierten Systemtechnik aufsetzen, mit dem Fokus auf die Sprachanwendungen oder als IP-Serversysteme (webbasiert) realisiert werden. Die genannten Beispiele von UMS-Diensten bei Web.de und der o.tel.o GmbH sind beide als webbasierte Applikationen aufgesetzt.

der Dienstleistung beteiligten Arbeitsinstanzen einschließlich des Produktmanagements und somit ein wichtiges Informationsmedium.

5.5 Funktionaler Produkttest

Die Implementierungsphase wird abgeschlossen mit einem funktionalen Produkttest. In diesem Test wird der Ablauf der Dienstleistungserbringung und der Verfügbarkeitssicherung unter simulierten Betriebsbedingungen getestet. Ziel des Testes ist, eine zuverlässige Aussage über die Funktionsweise und -sicherheit der neu entwickelten Dienstleistung zu erhalten. Er entspricht damit im Prinzip einem Abnahmetest, als letzte Prüfung, bevor die Dienstleistung in die Produktion überführt wird. Dieser Test wird von der Dienstentwicklung geplant und durchgeführt.

Die Planung umfasst dabei die folgenden Punkte:

- Festlegung der Testfälle:
  Hier werden möglichst alle, wenigstens aber die repräsentativen Testfälle, die Aussage über die Funktionsicherheit geben können, spezifiziert. Dies sind:
  - Aufträge zur Ersteinrichtung
  - Änderungsaufträge
  - Störungsmeldungen
  - Produktanfragen
  - etc
- Festlegung der Testpunkte:
  Anhand des Prozessablaufes werden bestimmte Ereignisse innerhalb des Prozesses als Testpunkte festgelegt und deren Ergebnis während des Durchlaufs eines der Testfälle laufend protokolliert. Die Testpunkte werden dabei so gewählt, dass ihr Ergebnis repräsentativ für die richtige Funktionsweise eines ganzen Ablaufblocks ist. So kann bei der Auftragsabwicklung der Testpunkt "Anlage des Debitorenkontos im Abrechnungssystem" repräsentativ für die richtige Auftragsbearbeitung stehen, da nur dann ein Rechnungskonto angelegt sein kann, wenn auch die vorangegangenen Schritte fehlerfrei durchlaufen wurden. Auf diese Weise kann die Funktion der Dienstebereitstellung und auch der anderen Ablaufblöcke durch einfaches Abprüfen der Testpunkte ermittelt werden. Fehler innerhalb des Ablaufes lassen sich damit leicht eingrenzen und analysieren.

Für die Protokollierung der Testdurchläufe empfiehlt sich die Erstellung eines Musterblattes für jeden zu testenden Ablauf, zu dem die Testpunkte (die zu testenden Ereignisse im Prozessablauf), die entsprechenden Arbeitsinstanzen und das korrekte Testergebnis gehören. In dieses Blatt können dann während des Testdurchlaufes die Ergebnisse und Kommentare eingetragen werden, wobei der Aufbau des Protokollblattes dafür sorgt, dass der Protokollant bei der Datenerfassung geführt wird. Damit ist die Vollständigkeit der Testdaten sichergestellt.

5.6 Probebetrieb

Nach erfolgreichem Produkttest steht die Entscheidung der Übernahme in die Produktion an. Um diesen Schritt möglichst sicher und problemlos zu gestalten, sollte hier zunächst ein Probebetrieb mit Pilotkunden erfolgen. Er hat sowohl das Ziel, die neue Dienstleistung unter Marktbedingungen zu testen, als auch die Arbeitsinstanzen langsam an den neuen Produktionsprozeß zu gewöhnen und die entwickelten Abläufe einzuüben.

Hierzu werden vom Vertrieb Testkunden akquiriert, die den neuen Dienst zu Sonderkonditionen nutzen können und als Gegenleistung eine verminderte Qualität und Leistungsfähigkeit tolerieren und auftretende Fehler in der Leistungserbringung protokollieren und an den Netzbetreiber übermitteln. Zur Protokollierung wird ebenfalls ein Musterblatt erstellt, in welchem Testfragen und Testpunkte aufgeführt sind, die dem Kunden die Möglichkeit geben, sowohl seinen subjektiven als auch objektiven Eindruck von der Leistungserbringung zu formulieren. Durch die Formalisierung ist dabei gleichzeitig die Übertragbarkeit der Ergebnisse auf den getesteten Prozessablauf sichergestellt. So ist beispielsweise die Frage "Sind Sie mit der Anschlußinstallation zufrieden?" wenig hilfreich, da die Frage zu allgemein ist. Sinnvoller sind Fragen nach einem konkreten Prozessergebnis wie beispielsweise:

- "Wann wurden Sie telefonisch kontaktiert zur Terminvereinbarung über die Anschlussinstallation?"
- "Wurde die Installation termingerecht ausgeführt?"
- "War Ihr Anschluss nach Abschluss der Arbeiten funktionsbereit?"
- "Welche Leistungsmerkmale (ggf. auflisten) konnten Sie nach der Installation nutzen?"

Hier werden konkrete Ergebnisse abgefragt, die unmittelbar Rückschluss auf diejenigen Prozessteile geben, die nicht richtig funktioniert haben.

Mit dem erfolgreichen Abschluss des Probebetriebes steht dann der allgemeinen Vertriebsfreigabe nichts mehr im Weg; die neue Dienstleistung steht damit zur Vermarktung bereit, das Entwicklungsprojekt wird abgeschlossen bzw. geht im Fall des Spiralmodells in den nächsten Entwicklungszyklus über.

6. Zusammenfassung

Die Dienstleistungsentwicklung in der Telekommunikation hat sich aus den Erfahrungen der Startjahre 1998 und 1999 für die neuen Netzbetreiber als Schlüsselfaktor für den Markterfolg herausgestellt. Gerade unter dem Aspekt sinkender Margen, eines hohen Qualitätsanspruchs und immer kürzerer Time-to-Market-Zeiten ist die strukturierte Entwicklung neuer Dienstleistungen zu einem erfolgsbestimmenden Faktor geworden. Richtig aufgebaut und betrieben sichert die Dienstentwicklung die Minimierung der Entwicklungszeiten und –kosten bei Einhaltung eines ausreichend hohen Qualitätsstandards.

Die für die Implementierung einer Diensteentwicklung benötigten Methoden lassen sich grob in zwei Blöcke teilen: zum einen die Schaffung der richtigen organisatorischen Rahmenbedingungen innerhalb des Netzbetreibers und zum anderen die Verfahrensweisen in der Produktentwicklung. Für erstere wird die Methode des sog. "Darstellungsmodells", für das letztere die Methode des "Vorgehensmodells" untersucht und konkrete Verfahrensweisen und Hilfsmittel vorgestellt werden. Dabei hat sich gezeigt, dass die Anpassung der Modelle an eine konkrete Unternehmenssituation zu unmittelbar umsetzbaren Lösungen für Organisation und Arbeitsweise der Dienstleistungsentwicklung führen.

7. Literaturverweise

Siegmund, 1999: Siegmund, G. (1999): Technik der Netze, 4. Aufl., Heidelberg
Kotler, Bliemel, 1999: Kotler, P./ Bliemel, F. (1999): Marketing-Management: Analyse, Planung und Kontrolle, 9. Aufl., Stuttgart
Hofmann, Klein, Meiren, 1998: Hofmann, H./ Klein, L./ Meiren, T. (1998): Vorgehensmodelle für das Service Engineering, in Information Management & Consulting, 13/ 1998 Sonderausgabe

Kinder denken heutzutage, „schnell ist eben doch nicht schnell genug". Gut, dass das Optische Internet, an dessen Entwicklung Lucent maßgeblich beteiligt ist, unbegrenzte Bandbreite bietet. So können Kids mal eben Videos ihrer Geburtstagsparty an alle Freunde schicken. Oder in Nanosekunden Bilder ihrer Daily-Soap-Stars herunterladen. Und dann noch schnell ein E-Mail an Oma und Opa versenden. Verändern Sie die Kommunikation zwischen den Kids, und Sie verändern ihr Leben. Lucent Technologies. We make the things that make communications work."

Expect great things."

Für einen Zehn- jährigen 22 Sekunden zu lang.

Lucent Technologies
Bell Labs Innovations

Telefon 0800/360 3000
Fax 0800/360 3100
http://www.lucent.de

© 2001 Lucent Technologies

Internationalisierung in der Telekommunikation

Marc Mansfeld

---

1 Einleitung

2 Treibende Kräfte für die internationale Strategie
    2.1 Wettbewerber
    2.2 Kundenanforderungen
    2.3 Produkte und Kosten
    2.4 Aktienmärkte / Shareholder Value

3 Vorgehensweise bei der Internationalisierung
    3.1 Auswahl der Länder oder Region
    3.2 Auswahl der Services
    3.3 Auswahl des Vorgehensmodells

4 Fallbeispiele der Internationalisierung: Vodafone
    4.1 Standardisierung und Globalisierung der Technik
    4.2 Kosten und Skaleneffekte
    4.3 Kundenreichweite als Wettbewerbsvorteil der Zukunft
    4.4 Wachstumsmärkte Mobilfunk und Internet
    4.5 Fazit

5 Internationalisierung - ein Muss?

6 Zusammenfassung

7 Literaturverweise

1 Einleitung

Ende 1999 änderte sich für viele Menschen das Bild vom deutschen Großkonzern, der allen Übernahmeversuchen gegenüber immun war, schlagartig: Vodafone AirTouch, ein britischer Mobilfunkanbieter, übernahm die Mannesmann AG durch eine feindliche Übernahme. Alle Protest der Mitarbeiter und der Politik an dieser Art der Übernahme halfen nicht; der Druck der Kapitalmärkte und das Interesse an einem höheren Unternehmenswert nach der Übernahme waren stärker.

Die Zauberformel, mit der Christ Gent (Vodafone) die Aktionäre überzeugte, war die Aussicht, größter internationaler Mobilfunkanbieter zu werden.

Internationalisierung ist seit der Liberalisierung der Telekommunikationsmärkte eines der Schlüsselwörter, wenn es um Unternehmensstrategien geht. Immer wieder werden in der Wirtschaftspresse Analysen dargestellt, die die internationale Ausrichtung verschiedener Unternehmen erläutern und bewerten. Allgemeiner Konsens besteht darin, dass nur ein Anbieter, der erfolgreich auf dem Weg zum Global Player ist, die richtige Unternehmensstrategie verfolgt und langfristig den Aktienkurs steigern kann.

Im Folgenden soll am Beispiel Vodafone deshalb analysiert werden, warum die Internationalisierung derzeit einen so hohen Stellenwert besitzt.

2. Treibende Kräfte für die internationale Strategie

Im folgenden Kapitel sollen die wesentlichen Gründe dargestellt werden, warum Unternehmen im Telekommunikationsbereich die Internationalisierung vorantreiben müssen. Der Schwerpunkt liegt auf den folgenden Faktoren:

- Wettbewerber
- Kundenanforderungen
- Produkte und Kosten
- Aktienmarkt

2.1 Wettbewerber

Durch die Liberalisierung der Telekommunikationsmärkte änderte sich das Marktumfeld drastisch. In unvorstellbar kurzer Zeit entstanden, besonders in Deutschland, eine sehr große Zahl von Telekommunikationsunternehmen, die mit den unterschiedlichsten Ansätzen versuchten, den ehemaligen Monopolisten Kunden abzujagen. Allein in Deutschland nahm die Zahl der Lizenznehmer bis September 1999 auf über 550 zu (vgl. Abbildung 11.

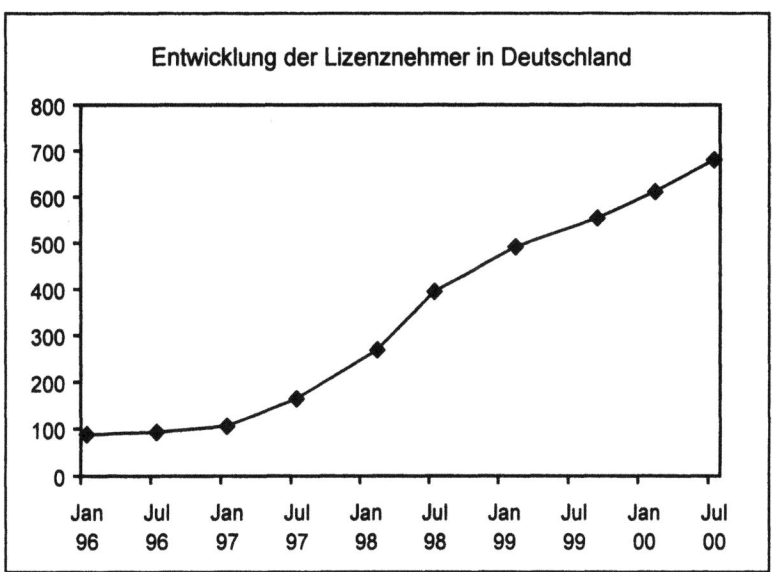

Abbildung 1: Lizenznehmerentwicklung

Der starke Wettbewerb für diverse Telefondienstleistungen führte nicht nur dazu, dass die ehemaligen Monopolisten naturgemäß Marktanteile verloren haben, sondern gerade auch zu einem drastischen Verfall der Preise und der Margen auf dem Heimmarkt. Um diesen Verlust an Kunden und Umsätzen auszugleichen, sind viele Unternehmen gezwungen, neue Märkte zu erschließen. Dieses kann zum einen dadurch geschehen, dass man neue Produkte und Services anbietet und dadurch das Produktportfolio erweitert. Zum anderen besteht aber auch die Möglichkeit, das Produktportfolio in anderen Ländern anzubieten und somit einer breiteren potentiellen Kundenbasis zur Verfügung zu stellen. Durch diese Internationalisierung wird die Reichweite der Produkte wesentliche erhöht und somit kann Umsatz hinzugewonnen werden.

---

1 Erst im Januar 1998 wurde der Telekommunikationsmarkt in Deutschland vollständig liberalisiert, jedoch wurde bereits im Juli 1996 der Markt für sogenannte Corporate Networks liberalisiert. Das führte dazu, dass zahlreiche Anbieter bereits zu diesem Zeitpunkt starten konnten, vermittelte Sprachdienste für Geschäftskunden anzubieten (Worldcom, CNI, RWE Systemhaus, etc.).

2.2 Kundenanforderungen

Ein weiterer Grund, warum Telekommunikationsunternehmen zunehmend internationalisieren, sind die Anforderungen von international tätigen Unternehmen (bzw. Kunden). Die Schlagworte „Globalisierung" und „Follow the Customer" kennzeichnen den Trend am deutlichsten.

Die zunehmende Globalisierung von Unternehmen aller Branchen hat zur Folge, dass diese weltweit Niederlassungen und Produktionsstandorte eröffnen. Diese müssen selbstverständlich in die Prozesse der Unternehmen eingebunden werden, was auch eine Einbindung in die IT-Infrastruktur notwendig macht. Um die reibungslose Einbindung aller Standorte zu gewährleisten, erfolgen Ausschreibungen international operierender Unternehmen zunehmend auf globaler Ebene. Dabei kommen nur die Anbieter in die engere Wahl, die in der Lage sind, global einheitliche Lösung für die Kommunikationsstruktur der MNC's (Multi National Companies) zu realisieren.

Zwar ist der Koordinationsaufwand für den Kunden erheblich, wenn es darum geht, die Kommunikationsstruktur des Unternehmens weltweit zu erfassen, jedoch werden die damit verbundenen Kosten durch die folgenden Vorteile wieder aufgehoben:

Einheitliche Lösungen
Der Kunde muss sich nicht mehr mit verschiedenen Schnittstellen und technischen Spezifikationen arbeiten, die jeweils länderspezifische Lösungen mit sich brachten, sondern überläßt dies seinem neuen global tätigen Kommunikationsanbieter.

Klare Verantwortlichkeiten
Je umfangreicher das Angebot des Telekommunikationsanbieters ist, desto klarer können die Verantwortlichkeiten geregelt werden. D.h. bei einem Fehler in der Kommunikationsstruktur muss nicht mehr auf lokaler Ebene der Fehler gesucht werden und der Kunde muss sich nicht mehr mit einer Vielzahl von lokalen Telekommunikationsanbietern rumschlagen, sondern für die Funktionstüchtigkeit des Kommunikationsnetzes ist ein Anbieter länderübergreifend zuständig.

Kostenkontrolle und Einkaufsmacht
Die Bündelung der Telekommunikationsanforderungen weltweit gibt dem Kunden natürlich eine wesentlich größere Einkaufsmacht als bei einer Vergabe der Leistungen in den jeweiligen Ländern unabhängig voneinander. So können wesentlich günstigere Konditionen ausgehandelt werden. Aber auch die Transparenz der Ausgaben für Kommunikation wird erhöht, da die gesamten Kosten für diesen Bereich nun zentral erfasst und überwacht werden können.

Interessanterweise führen die gestiegenen Anforderungen der Kunden und der internationale Wettbewerb in diesem Marktsegment dazu, dass ein Kommunikationsanbieter sich nicht mehr nur auf seinen Heimatmarkt fokussieren kann. Fehlen die Möglichkeiten, Services für MNC's international anzubieten, so droht auch der Umsatz im Heimatmarkt wegzubrechen, wenn sich der Kunde für ein international operierenden Anbieter entscheidet. Der Zwang zur Internationalisierung für die TK-Anbieter wird dadurch sehr deutlich.

2.3 Produkte und Kosten

Die Forderungen vieler Kunden im Segment der MNC's nach Seamless Services können in Zukunft wesentlich leichter erfüllt werden, da sich auch global immer stärker einheitliche Produkte durchsetzten. So ist in der Datenkommunikation ein klarer Trend zu IP-basierten Anwendungen zu erkennen. Aber auch in anderen Bereichen ist der Trend zur Schaffung eines globalen Standards sichtbar, z.B. bei der zur Zeit sehr stark im öffentlichen Fokus stehenden dritten Mobilfunkgeneration UMTS. Die hohen Preise, die bei den Versteigerungen der Lizenzen bezahlt wurden, spiegeln nicht nur die Bedeutung der breitbandigen Übertagung im Mobilfunk (und der damit verbunden Erschließung neuer Geschäftsmodelle) wider, sondern auch den hohen Stellenwert, den einheitliche Standards für die Telekommunikationsunternehmen haben. Letzteres führt im Wesentlichen dazu, dass sämtliche Entwicklungen, die für diese Dienste gemacht werden, einem wesentlichen größeren Kundenpotenzial angeboten werden können. Dadurch werden technische Entwicklungen, die in den letzten Jahren immer zahlreicher wurden und immer schneller bereitgestellt werden mussten, sich deutlich schneller amortisieren.

Aber auch auf der Seite des Einkaufs entstehen erhebliche Vorteile für die Telekommunikationsunternehmen, da diese jetzt den Einkauf länderübergreifend bündeln und somit erhebliche Kostenvorteile durch die gestiegene Einkaufsmacht erzielen können. Das bezieht sich sowohl auf die Endgeräte, als auch auf die Bauelemente der Netze und die notwendigen informationstechnischen Systeme, z.B. für Billing.

Somit tragen verschiedene Elemente zu einer Senkung der Kosten für die Anbieter bei, wobei erhebliche Skaleneffekte erst durch die Internationalisierung der Unternehmen erreicht werden.

Die Realisierung von Skaleneffekten hängt aber ganz wesentlich von der Organisation des Unternehmens und von der Nachhaltigkeit ab, mit der Synergieeffekte verfolgt und realisiert werden. Es gibt jedoch auch kritische Stimmen, die bezweifeln, daß Größe einem Unternehmen Vorteile bringt und sich daraus Synergien realisieren lassen. Marco De Benedetti, Vorstandsvorsitzender von Telecom Italia Mobile (TIM), einem der erfolgreichsten Mobilfunkunternehmen Europas, ist in dieser Beziehung eher skeptisch und hält die Realisierung von Synergien in einem globalen Unternehmen für sehr gering.

Er verweist darauf, TIM habe „20 Millionen Kunden in einem Netz, Vodafone hat 20 Millionen Kunden in drei Netzen – mit sehr wenig Synergien."

2.4 Aktienmärkte / Shareholder Value

Die meisten Telekommunikationsunternehmen sind börsennotierte Unternehmen und müssen deshalb den Gesetzen der Finanzmärkte folgen. Und deren Forderungen sind Wachstum und die klare Fokussierung auf ein zukunftsträchtiges Kerngeschäft (z.B. Mobilfunk), um den Shareholder Value zu steigern.

Um diesen Forderungen gerecht zu werden, gliedern viele Unternehmen ihre Sparten in eigene Unternehmen aus (z.B. KPN Mobile als Mobilfunkunternehmen von KPN oder Freenet als Internetunternehmen von Mobilcom) oder verkaufen gar Unternehmensteile, die nicht mehr direkt zum Kerngeschäft gehören (Verkauf von One2One durch Cable & Wireless). Damit können sich diese Unternehmen voll und ganz auf die Entwicklung ihres Kerngeschäfts konzentrieren.

Zusätzlich wird durch die Börsennotierung der fokussierten Unternehmen eine neue Währung geschaffen, die im Fall einer Akquisition oder eines Mergers eingesetzt werden. So werden viele dieser Transaktionen nicht mehr (oder nicht mehr ausschließlich) durch Bargeld getätigt, sondern durch einen Aktientausch[2].

Um die Forderungen der Finanzmärkte zu erfüllen und somit den Aktienkurs zu steigern oder mindestens zu halten, ist eine Internationalisierung aus den oben genannten Gründen erforderlich. Wird diese nicht vorangetrieben, so kann das negative Folgen für den Aktienkurs haben. Dadurch sinkt die Marktkapitalisierung des Unternehmens. Als Folge droht die Übernahme durch ein anderes Unternehmen, das auch ein Wettbewerber sein kann. Diese Übernahmen müssen nicht immer unter Zustimmung aller Beteiligten ablaufen. Gerade die Übernahmeschlacht um Mannesmann hat gezeigt, dass auch feindliche Übernahmen erfolgreich abgeschlossen werden können.

3. Vorgehensweise bei der Internationalisierung

Um die Internationalisierung des Unternehmens erfolgreich voranzutreiben, müssen folgende Schritte vollzogen werden:

---

[2] Zum Beispiel wurde die Akquisition von Mannesmann durch Vodafone durch einen Aktientausch vollzogen, d.h., die Aktionäre der Mannesmann AG erhielten für eine Mannesmann Aktie 58,9646 Vodafone-AirTouch-Aktien im Tausch.

- Auswahl der Länder oder Region
- Auswahl der Services
- Auswahl des Vorgehensmodells

Auf die einzelnen Schritte und die damit verbundenen Kriterien soll im Folgenden eingegangen werden.

3.1 Auswahl der Länder oder Region

Zur Überlegung, auf welche Länder oder Regionen sich das Unternehmen konzentrieren soll, gehören folgende Kriterien:

- Herkunft des Unternehmens
- Attraktivität der Zielmärkte
- Regulatorische Bedingungen

Häufig spielt bei der Internationalisierung des Unternehmens das Herkunftsland, aber auch der Kulturkreis eine wichtige Rolle. So ist es relativ selbstverständlich, dass sich einige Unternehmen, deren Herkunft in Europa liegt, auch ihren Schwerpunkt zunächst auf dem europäischen Kontinent haben. So hatte z.B. Mannesmann vor der Übernahme durch Vodafone Beteiligungen in Großbritannien, Frankreich, Belgien, Schweiz, Italien und Österreich.

Ein anderes Beispiel ist Telefonica, die zwar relativ wenige Beteiligungen in Europa selbst hat[3], jedoch über viele Beteiligungen in Süd-Amerika verfügt. Hier liegt die Erweiterung des Marktes zwar auf einem anderen Kontinent, jedoch ist das kulturelle Verständnis des Marktes hier ein entscheidender Vorteil für Telefonica, um auf den Südamerikanischen Märkten erfolgreich zu operieren.

Bei allen oben genannten Überlegungen spielt natürlich auch die Attraktivität der Märkte eine entscheidende Rolle. Kenngrößen wie Marktgröße und Wachstum sind entscheidend, aber auch die Intensität des Wettbewerbs und das damit verbundene Preisniveau am Markt. Ein weiteres wichtiges Kriterium, das im Geschäft mit MNC's sehr wichtig ist, ist die Frage: Wo sitzen die Kunden? Im Geschäft mit MNC's geht es darum (wie oben beschrieben), dessen Kommunikation möglichst umfassend durch IT- und TK-Anwendungen zu unterstützen, und das natürlich global aus möglichst einer Hand. In

---

[3] Die relative Schwäche von Telefonica in Europa liegt mit Sicherheit auch darin, dass es mit den Unternehmen PTT Netherlands, Swiss PTT und Telia die Allianz Unisource gebildet hat, bevor es sich im April 1997 aus diesem Gemeinschaftsunternehmen zurückzog, um mit Concert eine gemeinsame strategische Partnerschaft einzugehen, die dann allerdings auch scheiterte.

diesem Fall müssen sich die Telekommunikationsunternehmen möglichst eng an der geographischen Verteilung der Kundenstandorte orientieren, so dass hier die geographische Ausrichtung bereits „vorgegeben" ist.

Im Gegensatz zu vielen anderen Branchen kommt in der Telekommunikation der Regulierung der Märkte noch eine besondere Bedeutung zu. Auch in Europa gibt es, obwohl weite Teile der Liberalisierung der Telekommunikationsmärkte auf europäischem Niveau geregelt sind, feine Unterschiede in der Regulierung, die aber erhebliche Auswirkungen haben können So gibt es z.B. in Österreich kein „Third-Party-Billing[4]", was dazu führt, dass jeder Call-by-Call-Anbieter eine eigene Rechnung versenden und das Geld selbst eintreiben muss. Das verhindert natürlich das in Deutschland so beliebte „offene Call-by-Call". Ein anderes Beispiel ist Frankreich, wo die Regulierung keine Entbündelung der Teilnehmeranschlussleitung vorschreibt. In dieser Situation wird naturgemäß das Monopol des dortigen Netzbetreibers für das Ortsnetz künstlich verlängert.

Neben diesen Unterschieden, die zum Teil den Wettbewerb behindern, gibt es aber speziell im Mobilfunk noch ein weiteres Problem: hier ist die Anzahl der Lizenzen, die vergeben werden, begrenzt. Verfügt ein Anbieter über keine Lizenz, weil er bei der Vergabe leer ausgegangen ist, so muss er alternative Strategien entwickeln, um auf diesem Markt aktiv zu werden. Das kann der Einstieg in ein Konsortium oder die Partnerschaft mit einem Unternehmen sein, das eine Lizenz hält. Alternativ kann aber auch das Geschäftsmodell des Virtuellen Netzwerkoperator (VNO) gewählt werden. Die eigentliche Netzleistung wird dabei durch einen Partner des Unternehmens erbracht, der jedoch nach außen hin nicht auftritt. Der Virtuelle Netzwerkoperator kauft die Netzleistung von seinem Partner ein.

Ein weiterer Punkt, der innerhalb der EU keine Rolle spielt, jedoch in Ländern, die ihr Wirtschaftssystem bisher stärker nach außen abgeschirmt haben, zu beachten ist, ist die rechtliche Situation hinsichtlich ausländische Beteiligung an inländischen Unternehmen. In einigen Ländern ist es nicht zulässig, dass ein ausländischer Investor eine Mehrheit an einem Unternehmen hält. Damit steht aber auch die Management-Kontrolle in Frage, die für die Integration in die Unternehmensgruppe eine wichtige Rolle spielt. Ausgeklügelte Beteiligungsmodelle können hier zum Teil Abhilfe schaffen.

---

4 Unter „Thrid-Party-Billing" versteht man die Verpflichtung des ehemaligen Monopolisten, für Wettbewerber die Rechnungsstellung und die Abwicklung des Zahlungsverkehrs mit dem Telefonkunden zu übernehmen. Das offene Call-by-Call setzt dieses Verfahren voraus, da sich der Kunde nicht beim privaten Anbieter registrieren muss und diesem somit nicht bekannt ist. Das Inkasso erfolgt dann ausschließlich durch den Netzbetreiber, also den ehemaligen Monopolisten.

3.2 Auswahl der Services

Bei einem Unternehmen wie Vodafone ist die Antwort auf die Frage, mit welchen Services in den jeweiligen Ländern internationalisiert wird, relativ einfach. Bei Vodafone handelt es sich um einen Mobilfunkanbieter, der selbstverständlich auch mit Mobilfunkservices in neue Märkte eintreten wird.

Bei Unternehmen, die aber im klassischen Sinne ein Vollsortimenter sind, kann diese Frage durchaus relevant sein. Nicht in jedes Land muss mit dem vollständigen Serviceangebot eingestiegen werden, was in einigen Fällen (z.B. aus den oben beschriebenen regulatorischen Hemmnissen) auch nicht möglich ist. Auch wegen der unterschiedlichen Attraktivität der Märkte für verschiedene Services kann es durchaus sein, dass der Länderfokus innerhalb eines Unternehmens für die verschiedenen Services unterschiedlich sein kann.

3.3 Auswahl des Vorgehensmodells

Beim Eintritt in ein neues Land stellt sich naturgemäß die Frage, wie dieser Markteintritt gestaltet wird: Make- oder Buy- Strategie. Beide Modelle haben ihre Vor- und Nachteile, die wichtigsten sind in Tabelle 1 (vgl. S. 64) aufgelistet.

Mit beiden Strategien haben Unternehmen in der Telekommunikation derzeit Erfolg. Newcomer, wie z.B. Level 3 bauen derzeit global operierende Unternehmen nach der Make-Strategie auf, Unternehmen wie Vodafone haben jüngst wieder durch spektakuläre Übernahmen auf sich aufmerksam gemacht.

Da in der Telekommunikation gegenwärtig die Meinung vorherrscht, dass die Märkte in den nächsten Jahren aufgeteilt werden und es in Zukunft nur noch wenige große Unternehmen geben wird, die ein umfassendes Service-Portfolio bieten, setzen derzeit viele Unternehmen auf die Akquisitionsstrategie. So wurden die Akquisitionen in den letzen Jahren besonders im Telekommunikationssektor immer spektakulärer und die Volumina der Transaktionen sind permanent gestiegen, weshalb auch sechs von den zehn weltweit größten Fusionen in dieser Branche stattgefunden haben (siehe Tabelle 2, S. 65).

	Make-Strategie (generisches Wachstum)	Buy-Strategie (Akquisition eines eingeführten Unternehmens)
Mitarbeiter	Müssen erst neu akquiriert werden	Bereits vorhanden
Technik	Muss aufgebaut werden	Bereits vorhanden
Produkte	Können vom Mutterunternehmen übernommen werden (ggf. nach Anpassung an lokale Gegebenheiten)	Bereits vorhanden, müssen aber ggf. mit dem Mutterunternehmen harmonisiert werden
Organisation, Prozesse und Strukturen	Prozesse und Strukturen des Mutterunternehmens werden von Anfang an übernommen, Organisation wird in Absprache mit dem Mutterunternehmen aufgebaut	Vorhandene Strukturen und Prozesse müssen aufgebrochen und dem Unternehmensverbund angepasst werden
Brand / Bekanntheit im Markt	Bekanntheit im Markt muss neu geschaffen werden, Brandname kann aber vom Mutterkonzern übernommen werden	Bekanntheit im Markt ist bereits vorhanden, Brandname stimmt aber nicht überein mit dem des übernehmenden Unternehmens
Kundenbasis	Muss erst aufgebaut werden	Bereits Vorhanden
Unternehmens-Kultur	Starke Anlehnung an das Mutterunternehmen, da zum Aufbau Mitarbeiter aus diesem eingesetzt werden	Sollte möglichst ähnlich dem des übernehmenden Unternehmens sein, da eine drastische kulturelle Änderung eines Unternehmens nur sehr schwer möglich ist

Tabelle 1: Make-or-Buy-Strategie

Branche	Übernehmer	Übernommenes Unternehmen	Volumen in Mrd. US-$	Datum des Angebots
Telekommunikation	Vodafone AirTouch	Mannesmann	188	Dez. 1999
Telekommunikation	AOL	Time Warner	184	Jan. 2000
Telekommunikation	MCI Worldcom *	Sprint	129	Okt. 1999
Pharma	Pfizer	Warner Lambert	87	2000
Energie	Exxon	Mobil	86	1998
Finanzdienstleistung	Travelers Citigroup	Citicorp	73	1998
Telekommunikation	SBC Communications	Ameritech	72	1998
Telekommunikation	Vodafone	AirTouch Communications	58	1999
Telekommunikation	AT&T	MediaOne	58	1999
Finanzdienstleistung	NationsBank	Bank America	43	1999

* Fusion wurde von den Beteiligten abgesagt, da die Zulassung nicht erteilt wurde
Tabelle 2: Die größten Übernahmen weltweit, Stand: April 2000

Ein kritischer Punkt bei Akquisitionen ist die Integration des übernommenen Unternehmens in den Konzern. Nur wenn das Unternehmen erfolgreich in den Konzernverbund integriert wird und Produktentwicklung, Einkauf und viele andere Unternehmensbereiche erfolgreich miteinander verbunden werden, ist es möglich, Synergieeffekte zu realisieren. Deshalb wird der sogenannten Post-Merger Integration (PMI)-Phase auch eine immer größere Aufmerksamkeit gewidmet, denn Studien haben gezeigt, dass ca. 50% aller Fusionen in der PMI gescheitert sind und nicht die erhofften Resultate gebracht haben. Somit konnte auch nicht der Aktienkurs gesteigert werden.

Unabhängig vom gewählten Vorgehensmodell ist das Management der kulturellen Unterschiede, die man in einem Land oder in einem gekauften Unternehmen vorfindet, von wesentlicher und erfolgsbestimmender Bedeutung. Die lokalen Unterschiede müssen ausreichend berücksichtigt werden, sowohl den Mitarbeitern des übernommenen oder aufzubauenden Unternehmens gegenüber als auch in der Kommunikation mit dem Markt.

4. Fallbeispiele der Internationalisierung: Vodafone

Vodafone, einer der ersten Mobilfunkanbieter in Großbritannien, hat bereits früh erkannt, dass die Internationalisierung des Unternehmens ein entscheidender Schritt ist, um die Wettbewerbsfähigkeit zu stärken. Aus diesem Grund wurde bereits 1993 die Vodafone Group International gegründet, deren Funktion die Akquisition von Lizenzen und die Führung ausländischer Beteiligungen ist. Seither hat es Vodafone geschafft, mit dem klaren Fokus auf Mobilfunk, eine weltweite Präsenz aufzubauen, die für ein globales Unternehmen beispielhaft ist (siehe Tabelle 3).

Land	Unternehmen	Vodafone Anteil	Anteilige Kunden von Vodafone	Marktanteil	Einwohner in Millionen	Services
Österreich	tele.ring	53,8%	k.A.	59%	8,0	GSM (2000)
Belgien	Proximus	25,0%	576.000	36%	10,2	ETACS (1987) GSM (1994)
Frankreich	SFR	20,0%	1.582.000	39%	59,0	GSM (1992) NMT450 (1989)
Deutschland	D2	99,1%	3.862.000	33%	82,1	GSM (1992)
Griechenland	Panafon	55,0%	975.000	40%	10,7	GSM (1993)
Ungarn	Vodafone	50,1%	24.000	16%	10,2	GSM (1999)
Italien	Omnitel	76,0%	2.426.000	58%	56,7	GSM (1995)
Malta	Vodafone Malta	80,0%	36.000	12%	0,3	ETACS (1990) GSM (1997)
Niederlande	Libertel	70,0%	1.715.000	49%	15,8	GSM (1995)
Polen	Plus GSM	19,6%	332.000	11%	38,6	GSM (1996)
Portugal	Telecel	50,9%	913.000	52%	9,9	GSM (1992) IP (1999)
Rumänien	Connex GSM	20,1%	154.000	7%	22,3	GSM (1997)

Land	Unternehmen	Vodafone Anteil	Anteilige Kunden von Vodafone	Marktanteil	Einwohner in Millionen	Services
Spanien	Airtel	21,7%	1.220.000	45%	39,2	GSM (1995)
Schweden	Europolitan	71,1%	629.000	61%	8,9	GSM (1992)
Großbritannien	Vodafone	100%	8.791.000	46%	59,1	ETACS (1985) GSM (1992)
Ägypten	Click GSM	60,0%	243.000	2%	67,3	GSM (1998)
Kenia	Safaricom	40,0%	k.A.	k.A.		
Südafrika	Vodacom	31,5%	967.000	11%	43,4	GSM (1994)
USA	Verizon Wireless	45,0%	k.A.	k.A.		AMPS (1984) CDMA/TDMA (1996)
Australien	Vodafone	91,0%	1.310.000	42%	18,8	GSM (1993)
Fiji Inseln	Vodafone	49,0%	12.000	3%	0,8	GSM (1994)
Indien	RPG Cellular	20,6 - 49,0%	13.000	0,2%	79,4	CME20 (1997) GSM (1995)
Japan	J-Phone [1]	23,0 -27,0%	1.907.000	40%	126,2	PDC (1994, 1996, 1997)
Kenia	Safaricom	40,0%	k.A.	k.A.		
Südafrika	Vodacom	31,5%	967.000	11%	43,4	GSM (1994)
USA	Verizon Wireless	45,0%	k.A.	k.A.		AMPS (1984) CDMA/TDMA (1996)
Australien	Vodafone	91,0%	1.310.000	42%	18,8	GSM (1993)
Fiji Inseln	Vodafone	49,0%	12.000	3%	0,8	GSM (1994)
Indien	RPG Cellular	20,6 - 49,0%	13.000	0,2%	79,4	CME20 (1997) GSM (1995)
Süd Korea	Shinsegi	11,7%	418.000	55%	46,9	CDMA (1996)

Land	Unternehmen	Vodafone Anteil	Anteilige Kunden von Vodafone	Marktanteil	Einwohner in Millionen	Services
Neu Seeland	Vodafone New Zealand	100%	473.000	39%	3,7	GSM (1992)
Weltweit	Globalstar	6,5%	k.A.	k.A.	k.A.	

(1) Unterschiedliche Beteiligungen bei den 9 regionalen Gesellschaften

Tabelle 3: Übersicht der Beteiligungen der Vodafone Group Plc., Stand: 31. März 2000

Den vorläufigen Höhepunkt dieser Strategie erreichte Vodafone mit der spektakulären Übernahme von Mannesmann Ende 1999 / Anfang 2000. Sie war nicht nur die bis dahin größte Übernahme mit einem Volumen von ca. 188 Milliarden US-$, sondern erfuhr eine breite Aufmerksamkeit in der Gesellschaft, weil es sich um die erst feindliche Übernahme eines deutschen durch ein ausländisches Unternehmen handelte.

Die treibenden Kräfte für die Übernahme waren aber weniger emotionale als vielmehr rationale Gründe, denen sich kaum ein Unternehmen, das in einem sich so schnell wandelnden Markt wie der Telekommunikation operiert, entziehen kann.

4.1 Standardisierung und Globalisierung der Technik

Bereits mit der Einführung des digitalen Mobilfunks wurde die Netztechnik weiter standardisiert. Es gab jedoch noch keinen globalen Standard, sondern es bildeten sich im wesentlichen regionale Standards heraus. So findet man in Europa vorwiegend GSM, in Nord Amerika jedoch CDMA[5]. Die dritte Generation des Mobilfunks UMTS wird hier einen Schritt weiter gehen und einen globalen Standard schaffen, der Kunden die weltweite Nutzung ihres Mobiltelefons erlaubt.

Neben dem einheitlichen Standard bietet UMTS aber auch eine wesentlich höhere Übertragungsrate (bis zu 2 Mbit/s) und ist, da es sich hier um einen Package Switched-Service handelt, ideal für die Datenübertragung geeignet. Dadurch wird UMTS ganz neue Dienste für die Mobilfunkkunden auf der Basis der Internet-Technologie erlauben.

Daraus ergibt sich die Möglichkeit, global Produkte und Services mit einheitlichen Spezifikationen anzubieten, woraus sich wieder erhebliche Kostenvorteile besonders in der Entwicklung und Bereitstellung von Diensten ergeben. Aber auch eine schnellere Ein-

---

5 Ausnahmen gibt es auch hier, so z.B. GSM-Anbieter in den USA

führung neuer Services ist möglich, da durch die Bündelung des Know-how im Unternehmen und die Präsenz in trendsetzenden Märkten (z.B. USA und Japan) das Unternehmen die Technologie-Führerschaft übernehmen kann.

Besonders die Entwicklung und das Angebot neuer innovativer Services für das Handy wird die Mobilfunk-Welt drastisch ändern, denn diese Dienste werden nicht nur die Attraktivität des Mobilfunks deutlich erhöhen, sondern auch die Umsatzstruktur verändern. Vodafone rechnet damit, dass nicht mehr die reine Sprachübertragung die entscheidende Rolle spielen wird, sondern das Angebot von Zusatzdienstleistungen wie Text-Messaging, Transaktionen, Mobiles Internet und vieles mehr. Dadurch will Vodafone die Attraktivität des Mobilfunks und somit den Umsatz pro Kunde um 20-25% steigern.

Die Vision von Vodafone folgt diesen Entwicklungen, denn das Unternehmen will sich sowohl bei internationalen Geschäftskunden als auch bei Privatkunden als der führende Anbieter von Mobilfunk und Informationsanbieter positionieren und den Kunden mehr Service und Wertschöpfung bieten. Globale und innovative Dienste, eine globale Plattform, ein globales Mobilfunkportal und starke lokale Präsenzen sollen die Basis des Unternehmenserfolgs bilden.

4.2 Kosten und Skaleneffekte

Kosten und Umsatz pro Kunde sind gerade im Mobilfunk der dritten Generation entscheidende Faktoren. Die Versteigerung der Lizenzen in vielen Ländern haben die Gebühren weit über die Erwartungen der Experten[6] getrieben. Dazu kommen weitere Belastungen durch den Aufbau neuer Mobilfunktechnik. So muss das Ziel sein, möglichst viele Kunden zu akquirieren, d.h. die Services einem möglichst großen Kundenpotential zugänglich zu machen, um so Skaleneffekte zu realisieren.

Skaleneffekte bei den Lizenzgebühren lassen sich aber durch eine Internationalisierung nicht erreichen, da hier jedes Land eigene Lizenzen vergibt, unabhängig von anderen Ländern im gleichen Wirtschaftsraum. So dürften die Lizenzkosten für Vodafone in den nächsten Jahren auch ein erhebliches Problem darstellen, da Vodafone für jedes Land, in dem es Beteiligungen hat, auch mit zum Teil erheblichen Kosten für Lizenzen rechnen darf. Vorteile für Vodafone können sich deshalb überwiegend im Aufbau und Betrieb der Netze sowie bei der Entwicklung neuer Dienste ergeben, die dann allen Beteiligungen zur Verfügung gestellt werden können. Um diese Kompetenzen zentral zu bündeln und in den Beteiligungsunternehmen einzusetzen, bedarf es aber entweder der unternehmerischen Führerschaft oder der Bereitschaft des Beteiligungsunternehmens, in die-

---

6 Vor der ersten großen Versteigerung einer UMTS-Lizenz (Großbritannien, April 2000) ging man davon aus, dass eine Lizenz in Großbritannien ca. 1 bis 2 Mrd. DM kosten werde. Am Ende der Versteigerung musste aber allein Vodafone 5,964 Mrd. £ für seine Lizenz bezahlen.

sem Bereich Kompetenzen abzugeben. Da Vodafone in vielen Unternehmen aber nur über eine Minderheitsbeteiligung verfügt (siehe Tabelle 3), können hier Probleme bei der Realisierung dieser Synergien auftreten.

4.3 Kundenreichweite als Wettbewerbsvorteil der Zukunft

Die Kundenbasis und die Präsenz von Mannesmann in attraktiven Mobilfunkmärkten spielte deshalb eine entscheidende Rolle, weil es sich dabei um erfolgreich eingeführte Marken handelte:

	Vodafone	Mannesmann (a)	Vodafone & Mannesmann (b)
Länder	24	7	25
Kontrollierte Länder	10	4	13
Anteilige Kunden in Mio.	35	18	48
Anteilige Bevölkerung im Netzabdeckungsbereich in Mio.	420	163	512

(a) mit Orange
(b) ohne Orange

Tabelle 4: Synergieeffekte des Vodafone / Mannesmann Merger

Besonders bei der Zahl der Kunden und der erreichbaren Bevölkerung ist Vodafone nach der Übernahme von Mannesmann gut positioniert, da das Unternehmen weltweit (nach dem Verkauf der Orange-Beteiligung) anteilig über ca. 48 Millionen Kunden verfügt. Die Reichweite, bezogen auf potentielle Kunden, ist noch mal um ein Vielfaches größer.

Diese große Kundenbasis erlaubt es aber erst, die in Kapitel 4.2 beschriebenen Skaleneffekte zu realisieren. Hinzu kommt noch die Überlegung, eine globale Marke aufzubauen und darüber zusätzliche Kunden zu gewinnen. Neben dem Aufbau einer globalen Internetplattform ist es das Ziel von Vodafone, ein Portal als starke globale Marke aufzubauen, um sich als Partner und Betreiber erster Wahl zu positionieren.

4.4 Wachstumsmärkte Mobilfunk und Internet

Vodafone fokussiert beim Ausbau des Geschäfts ausschließlich auf Mobilfunk und auf Internet-Services, die die Mobilfunkdienste noch attraktiver gestalten. Das erhöht zum einen die Kundenbindung, zum anderen bringt es aber auch mehr Verkehr und somit mehr Umsatz pro Kunde (siehe oben).

Um diese strenge Fokussierung beizubehalten, wurde Mannesmann zerschlagen und nicht nur sämtliche Unternehmensteile verkauft, die keinen Bezug zur Telekommunikation haben, wie zum Beispiel Mannesmann Atecs, das an Bosch und Siemens verkauft wurde. Auf der Liste der abzustoßenden Unternehmensbeteiligungen stehen auch die Festnetz-Gesellschaften Infostrada und Mannesmann Arcor. Für Infostrada wurde der Börsengang beschlossen, bei Mannesmann Arcor ist noch keine entgültige Entscheidung gefallen.

Damit setzt Vodafone in seiner Strategie ausschließlich auf Mobilfunk und Internet. Die Begründung ist, dass es sich hierbei um die am schnellsten wachsenden Märkte in der Telekommunikation handelt (siehe Abbildung 2) und diese Märkte damit die höchste Attraktivität besitzen.

Dem Wachstum des Mobilfunks kann man aber nur folgen, wenn man im Wettbewerb nicht nur die reine Sprachübertragung anbietet. Im Mittelpunkt des zukünftigen Mobilfunkmarktes steht, begünstigt durch die höheren Übertragungsbandbreiten, das mobile Internet und andere Zusatzdienste, die über das Mobiltelefon abgewickelt werden. Auch hier verfolgt Vodafone durch die Wahl starker, internationaler Partner, sowohl bei der Technologie (IBM, Sun, Nokia, Ericsson, Palm, etc.) als auch bei Inhalten (Charles Schwab etc.), konsequent seine Strategie. Aber auch die Partnerschaft mit Vivendi zum Aufbau des mobilen Portals Vizzavi wird durch attraktive Zusatzdienste zur Stärkung der Mobilfunkumsätze beitragen.

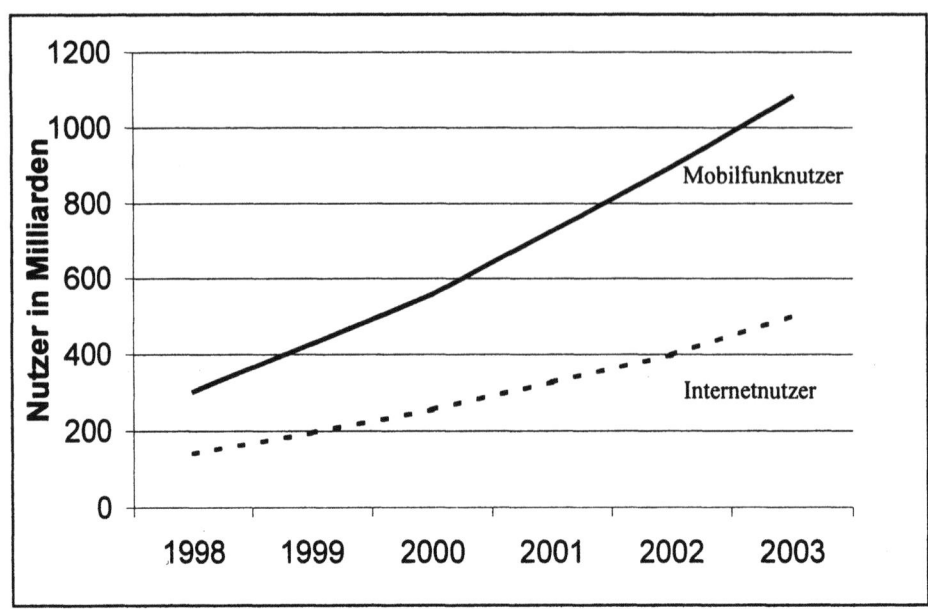

Abbildung 2: Entwicklung der Mobilfunk- und Internetnutzer

4.5 Fazit

Die klare strategische Ausrichtung des Unternehmens auf die oben beschriebenen Punkte und die konsequente Umsetzung in einem globalen Umfeld ist ein klare Stärke von Vodafone. Wenn das Unternehmen die weltweit akquirierten Unternehmen zu einer Einheit führen und die Synergieen nutzen kann, so hat Vodafone die Möglichkeit, im Mobilfunk eine herausragende Stellung einzunehmen. Gelingt diese Integration aber nicht, so reduziert sich die Internationalisierung lediglich auf eine Kapitalbeteiligung. Über Erfolg oder Misserfolg wird also erst in den nächsten Jahren entschieden.

5. Internationalisierung - ein Muss?

Am Beispiel Vodafone wird deutlich, dass derzeit die Internationalisierung der Unternehmen mit sehr großem Tempo und unter Einsatz großer Kapitalmengen vorangetrieben wird. Dabei wird immer wieder die oben beschriebene Argumentation angeführt, um die Aktionen zu rechtfertigen. Rückendeckung kommt hier besonders vom Kapitalmarkt, der häufig die Ankündigung von Fusionen bereits mit Kurssteigerungen quittiert.

Jedoch gibt es auch Kritiker, die der Argumentation für eine Internationalisierung nicht mehr ohne weiteres folgen wollen. Marco de Benedetti, Vorstandschef von Telecom Italia Mobile (TIM), glaubt nicht, dass allein die globale Größe eines Unternehmens im Mobilfunk eine entscheidende Rolle spielt. Er ist der Meinung, dass globale Unternehmen nur sehr wenige Synergien und Größenvorteile haben und deshalb die Vision vom globalen Mobilfunkbetreiber wieder schnell begraben werden wird. Er verweist darauf, dass andere Kriterien den Erfolg eines Mobilfunkanbieters bestimmen, wie z.B. die Kenntnis des eigenen Marktes und die Einführung innovativer Produkte.

Zumindest was die Internationalisierung durch Übernahmen angeht, dürfte De Benedetti nicht vollkommen falsch liegen. So haben Studien mehrerer Beratungsunternehmen gezeigt, dass der Anteil der Fusionen, die die gesteckten Ziele nicht erreichen, sehr hoch ist. Die Gründe für das Scheitern von Fusionen sind vielfältig. So kommt häufig die inhaltlich-strategische Diskussion der Fusion zu kurz oder der Merger bewirkt eine so große Ablenkung vom eigentlichen Geschäft, dass nicht mehr richtig gearbeitet wird. In der Post Merger-Phase werden häufig die weichen Faktoren (Mitarbeiter, Unternehmenskultur etc.) nicht ausreichend beachtet und zu großer Wert auf die Realisierung von Kostenvorteilen gelegt.

Dennoch ist der Druck der Finanzmärkte ungebrochen, die ein stetiges Wachstum der Unternehmen fordern. Diesem Druck kann sich auch De Benedetti nicht entziehen, weshalb auch er neue Märkte erschließt, um sein Mobilfunkgeschäft auszubauen. Jedoch setzt er bei der Auswahl der Märkte und bei der Art der Expansion (Make-or-Buy) andere Prioritäten als z.B. France Telecom. So wählt De Benedetti Märkte aus, die Zuwachsraten von über 100% haben, wie z.B. Südamerika und einige Mittelmeerländer. Ebenso sind seiner Meinung nach die derzeitigen Preise für Mobilfunkunternehmen zu hoch, weshalb TIM nicht beim Verkauf der Unternehmen Orange[7] oder Sonera mitgeboten hat. Stattdessen erwirbt TIM z.B. eine Mobilfunklizenz in der Türkei für lediglich 2 Milliarden Euro und ist davon überzeugt, dort höhere Wachstumsraten realisieren zu können, da die Türkei derzeit eine Mobilfunkpenetration von lediglich 11% hat und über 63 Millionen Einwohner verfügt.

Die Partizipation an hohen Wachstumsraten in zukünftig attraktiven Mobilfunkmärkten ist das wesentliche Kriterium beider Internationalisierung von TIM, um so neue Kunden und Umsatzpotentiale erfolgreich zu erschliessen. Jeder Markt für sich allein genommen muss in diesen Punkten die nötigen Kriterien erfüllen. Synergien zwischen diesen Märkten und Beteiligungen untereinander werden von De Benedetti nicht betrachtet.

---

7 France Telecom erwarb Orange für 50 Milliarden Euro von Vodafone nach der feindlichen Übernahme von Mannesmann.

6. Zusammenfassung

Es gibt verschiedene Ansätze und Modelle, wie ein Unternehmen in einen neuen Markt eintreten kann. So verfolgt Vodafone das Ziel der Unternehmensgröße, in der es durch verschiedene Synergien einen entscheidenden Wettbewerbsvorteil sieht. Um diese Größe zu erreichen, werden hohe Risiken eingegangen und es werden sehr hohe Preise bezahlt, wenn es darum geht, ein Unternehmen zu übernehmen.

Unternehmen wie TIM betrachten jedoch bei der Internationalisierung jeden Markt für sich und glauben nicht an Synergien, die sich aus der Größe von Unternehmen über mehrere Länder hinweg ergeben. Dementsprechend ist die Vorgehensweise bei der Internationalisierung eine andere: die Bereitschaft, hohe Preise für eine Übernahme zu zahlen, ist gering. Beteiligungen oder Unternehmensaufbau in Ländern, in denen das Wachstum für Mobilfunk in den nächsten Jahren sehr hoch ist, stehen hier auf der Liste der bevorzugten Ziele.

Unabhängig davon, welche Vorgehensweise gewählt wird, haben alle Unternehmen die Bedeutung der Internationalisierung erkannt und treiben diese konsequent voran. Es entstehen in den nächsten Jahren immer größere Konzerne, und man darf gespannt sein, ob es in einigen Jahren wirklich nur noch einige wenige Telekommunikationskonzerne geben wird.

Es bleibt also spannend, wie das globale Spiel ausgeht.

7. Literaturverweise

Wirtschaftswoche, Nr. 41, 5.10.2000, „Interview mit Telecom Italia Mobile Chef De Benedetti" und „Telecom Italia hängt die Konkurrenz ab"
Financial Times Deutschland, 9.3.2000, „Fusionen: Der Wunsch nach Größe ist ein schlechtes Ziel"
Financial Times.com 2.3.2000, „Seven Deadly sins of mergers"
Manager Magazin, 3/2000, „Gefährliche Spirale"
Manager Magazin 9/2000, „Interview mit Julien Horn-Smith, Mannesmann"

Netzwerk Erfolg

Unternehmenserfolg sichern, Karrierechancen steigern

Mit innovativem Personalmarketing vom TIMES-Marktführer

In den dynamischen TIMES-Märkten (Telekommunikation, Informationstechnologie, Multimedia, Entertainment, Security) sichert die rasche Besetzung von offenen Fach- und Führungspositionen oft wettbewerbsentscheidende Vorteile. Der frühe Einblick in Unternehmensentwicklungen eröffnet attraktive Karriereperspektiven.

Unser Ansatz – konsequentes Wissens- und Relations-Management – macht die Informationsfülle des TIMES-Stellenmarktes für Sie überschaubar. Und sichert Ihnen so den entscheidenden Vorsprung bei Unternehmensentwicklung und Karriereplanung.

Wir sind TIMES-Spezialist, denn unsere Berater waren lange selbst in Führungspositionen bei TIMES-Unternehmen tätig. Sie kennen Märkte und Unternehmen genau – ebenso wie Entscheider und Kandidaten.
Von der Anzeigen- und Internet-gestützten Suche über direct searches und Hochschulmarketing bis zu zukunftsweisenden Mitarbeiterbindungs-Strategien beherrschen wir souverän die gesamte Klaviatur innovativen Personalmarketings.
Sichern Sie sich die Mitarbeiter, die für den Erfolg Ihres Unternehmens unverzichtbar sind. Steigern Sie Ihre beruflichen Chancen. Nutzen Sie das Know-how des TIMES-Marktführers unter Deutschlands Personalberatungen.

a_priori® international ag

a_priori international ag Corporate Consult · Bonner Str. 10 · 53424 Rolandseck
Net www.apriori-ag.com

Personalknappheit – Risikofaktor für die TK-Branche

Rolf Scheuten

---

1. Ausgangssituation: Personalknappheit in der TK-Branche
   - ein „Alleinstellungsmerkmal"
   1.1 Ursachen der Knappheit
   1.2 Folgen der Knappheit

2. Personalmarketing – Wesen, Ziele und Rahmenbedingungen
   2.1 Definition Personalmarketing – Unterscheidung zu Personalverwaltung und Personalrekrutierung/ Head Hunting
   2.2 Ziele des Personalmarketing
   2.3 Rahmenbedingungen und Instrumente

3. Methoden der Mitarbeiterakquisition und ihre Bewertung
   3.1 Initiativbewerbungen
   3.2 Arbeitsamtvermittlungen
   3.3 Zeitarbeit
   3.4 Stellenanzeigen in Printmedien
   3.5 Online- Stellenanzeigen
   3.6 Direct search
   3.7 Management auf Zeit
   3.8 Hochschulmarketing
   3.9 Personalforen
   3.10 Aus- und Weiterbildung vorhandener Mitarbeiter

4. Mitarbeiterbindung

5. Positionsprofile in der TK- Branche
   5.1 Frühzeitige Verantwortung
   5.2 Projektarbeit, Team- und Kommunikationsfähigkeit
   5.3 Flexibilität
   5.4 Mobilität
   5.5 Fremdsprachen und Auslandserfahrung
   5.6 Profilanforderungen am Beispiel
   5.7 Fehler und Risiken

6. Anreizsysteme

7. Zusammenfassung und Ausblick

1. Ausgangssituation: Personalknappheit in der TK-Branche – ein „Alleinstellungsmerkmal"?

Auf dem Arbeitsmarkt der TK- (und IT-)Branche erleben wir ein scheinbares Paradoxon: deutliche Personalknappheit in der Branche bei gesamtwirtschaftlich zu beobachtender Arbeitslosigkeit. Die Branche klagt über Personalengpässe, diskutiert über deren Folgen für die Unternehmensentwicklung und für die Wettbewerbsposition und entwickelt Maßnahmen zur Überwindung des Engpasses. Personalknappheit bei allgemeiner Arbeitslosigkeit: es muss Ursachen für dieses bemerkenswerte „Alleinstellungsmerkmal" der TK-Branche geben.

1.1 Ursachen der Knappheit

Personalknappheit bedeutet, in wirtschaftlichen Kategorien gesprochen, dass ein Ungleichgewicht zwischen Personalnachfrage und Personalangebot vorliegt, im Falle der Personalknappheit eine das Angebot übersteigende Personalnachfrage. Dieses Ungleichgewicht ist bei einer kolportierten, nie exakt erhobenen, Zahl von 70 – 100.000 Vakanzen allein in der deutschen IT- und TK-Industrie mittlerweile der wohl wichtigste und die Branchenentwicklung am stärksten beeinflussende Knappheitsfaktor geworden. Erfolgsträchtige Geschäftsideen oder die Verfügbarkeit von Kapital treten in ihrer Bedeutung zurück.

Die Tatsache, dass die Personalknappheit nun schon seit mindestens einer Dekade anhält und sich im Ausmaß sogar gesteigert hat, lässt auch erwarten, dass in den nächsten Jahren eines der Hauptproblemfelder der Branche die Knappheit an Fach- und Führungskräften ist.

Von den vielen möglichen Ursachen des Ungleichgewichts auf dem TK-Personalmarkt sollen fünf im Folgenden besonders herausgestellt werden:

Seit etwa zehn Jahren – ein plausibles Datum ist der Beginn der Liberalisierung im Telekommunikationsmarkt, belegt mit dem einziehenden Wettbewerb im Mobilfunkmarkt - beobachten wir national wie international eine stabile Branchenkonjunktur mit dynamisch wachsender Nachfrage nach etablierten und neuen Produkten und Dienstleistungen. Die wachsende Nachfrage konnten die TK-Anbieter auf Netzbetreiber-, Service Provider-, Infrastruktur-, Gerätehersteller- und Handelsseite nur befriedigen, indem sie zusätzliche Mitarbeiter beschäftigten.

Von besonderer Bedeutung für den Nachfrageüberhang nach Mitarbeitern ist die Tatsache, dass als Folge der Liberalisierung und Deregulierung die Zahl der Arbeitskräfte nachfragenden Unternehmen in diesem Markt explosiv gewachsen ist. Start-ups, Spin-offs, Niederlassungen ausländischer Unternehmen traten in einen Wettbewerb nicht nur um die Konsumentennachfrage ein, sondern zuvor und ebenso heftig um Mitarbeiter. Rationalisierungs- und Konzentrationseffekte durch gleichzeitig stattfindende Unternehmensfusionen wurden deutlich überkompensiert.

Dieses Anwachsen der Zahl der Player am Markt wird besonders deutlich, wenn man die Zahl der Netzbetreiber im Festnetzmarkt betrachtet. Vor der Liberalisierung 1998 hatten wir auf nationaler Ebene mit der Deutschen Telekom einen einzigen Marktteilnehmer, zwei Jahre später stieg die Zahl der Anbieter auf mehr als 400 Unternehmen.

Branchenwachstum, Gründerwelle und nicht zuletzt technischer Fortschritt Stichworte: Multimedia und Internet treten gleichzeitig auf und bewirken eine „Gleichzeitigkeit des Bedarfs nach Spezialisten". Schon jetzt und sicher für die nächsten fünf Jahre lässt sich prognostizieren, dass im Multimedia- und Internetumfeld - dem „neuen Markt" der TK-Branche – ein anhaltend stürmisches Nachfragewachstum nach qualifizierten Mitarbeitern bestehen bleiben wird.

Aber nicht nur mengenmäßig ist der Arbeitsmarkt der TK-Branche im Ungleichgewicht, er ist es insbesondere auch in qualitativer Hinsicht. Die dynamische Entwicklung von Technologien und Diensten lässt Nachfrage nach neuen Berufsprofilen entstehen, die in der Vergangenheit nicht existent waren und für die keine Ausbildung angeboten wird. Dazu drei Beispiele:

1. Den Architekten für Customer Care- und Billing-Software kannte vor der Deregulierung des Telekommunikationsmarktes niemand. Es gibt hierfür bis heute keinen einschlägigen Ausbildungsgang.

2. IT-Security-Spezialisten werden in Zeiten von Internet und E-commerce gesucht wie die berühmte Nadel im Heuhaufen. Keine Hochschule bietet bisher eine abgerundete Ausbildung.

3. Web-Master oder Web-Designer sind in ihren jeweiligen Qualifikationsanforderungen noch nicht festgelegte Berufsbilder, die Profilanforderungen variieren von Arbeitsplatz zu Arbeitsplatz.

Die Frage muss gestellt werden, warum der normale Marktmechanismus auf dem TK-Arbeitsmarkt nicht funktioniert, warum also nicht über steigende Einkommen – die ja eingetreten sind – ein zusätzliches Arbeitskräfteangebot entstanden ist.

Von den vielen hier diskussionswürdigen Punkten, etwa der nicht marktwirtschaftlichen Verfassung unseres Arbeitsmarktes, der Behinderung des Arbeitskräfte-„Imports" – auch nach der Greencard-Lösung – möchten wir uns auf zwei Punkte konzentrieren:

den ersten Punkt sehen wir in der Engpasssituation unserer Ausbildungssysteme; Universitäten und Fachhochschulen konnten mit dem rasch und gewaltig auftretenden Nachfragedruck nicht fertig werden, sie konnten nicht genügend Studienplätze anbieten, um der Industrie in ausreichender Zahl Absolventen zur Verfügung zu stellen. Die Ausbildungssysteme reagieren naturgemäß träge und – bewirkt durch die Ausbildungsdauer – im Ergebnis verspätet auf plötzlich und mächtig auftretende Nachfrageüberhänge.

Den zweiten Punkt haben wir oben schon angedeutet: Ausbildungsgänge für neue Berufe, deren inhaltliche Anforderungen noch nicht klar oder deren Bedarfszahlen noch unsicher sind, können erklärlicherweise von den Ausbildungssystemen nicht geliefert werden. Hier sind Verzögerungen der Ausbildungssysteme zwangsläufig. In der Übergangszeit muss sich die Wirtschaft mit „Selbsthilfe" begnügen: sie muss innerbetriebliche Aus- und Weiterbildung betreiben, wohl wissend, dass Ausbildungszeiten mit Produktivzeiten konkurrieren und das Knappheitsproblem somit nicht gelöst, sondern partiell verlagert wird.

Die Reaktionsverzögerung der Ausbildungssysteme auf den Bedarf des Arbeitsmarktes könnte – so argwöhnen manche - in den berühmten „Schweinezyklus" einmünden, der dann in einigen Jahren ein Überangebot an Ingenieuren und Informatikern produzieren würde. Wir sehen diese „Gefahr" nicht angesichts des fortdauernden Nachfragewachstums, der weltweiten Knappheit an Fach- und Führungskräften in der TK-Industrie des erst beginnenden Multimedia- und Internetzeitalters, und nicht zuletzt der stagnierenden und künftig gar rückläufigen Zahlen von Studienanfängern. Unsere Prognose läuft eindeutig auf ein Andauern der Personalknappheit im TK-Markt hinaus.

1.2 Folgen der Knappheit

Die anhaltende Knappheit vor allem an Fach- und Führungskräften hat für die Unternehmen der Telekommunikationsbranche eine Mehrzahl an Folgen, denen die Marktteilnehmer aus eigenem Tun nicht entgehen können; und sie löst natürlich Maßnahmen aus, die die Folgen der Knappheit abmildern oder die Knappheit selbst reduzieren sollen.

Zunächst wollen wir uns mit einigen Folgen der Personalknappheit beschäftigen.

Telekommunikationsunternehmen und insbesondere neue startende Netzbetreiber und Service Provider benötigen zur Realisierung ihrer Business-Pläne Personal. Diese Selbstverständlichkeit gestaltet sich zur besonderen Herausforderung, wenn – wie geschildert – qualifiziertes Personal fehlt. Die Business Pläne der Player im TK-Markt sehen in aller Regel ein sehr kurzfristiges Erreichen von Flächendeckung im Netzausbau und im Vertrieb sowie eine ebenso kurzfristige Entwicklung eines wettbewerbsfähigen Dienstangebots vor. Time to the market ist eines der Erfolgs-Schlüsselwörter. Wer sein Angebot nicht rechtzeitig – was rechtzeitig ist, entscheidet der Wettbewerb – auf den Markt bringen kann, rangiert unter „ferner liefen" und riskiert damit Unternehmenserfolg und möglicherweise sogar -existenz.

Angesichts der allgemeinen Personalknappheit in der TK-Branche gestaltet sich daher die Personalverfügbarkeit, das Vorhandensein von qualifiziertem Personal, zum möglicherweise entscheidenden Erfolgsfaktor. Dies erklärt die Bereitschaft der Industrie, fehlendes Personal durch den temporären Einsatz „teurer" Berater auszugleichen, das Einkommenskarussell auf Touren zu halten, neue ungewohnte Wege und Methoden zu beschreiten, um an Personal zu kommen und es zu halten.

Verschärfend kommt hinzu, dass nicht nur die TK-Industrie, sondern auch andere High-Tech-Industrien boomen bzw. in der Phase der Marktentstehung sind und entsprechend Arbeitskräfte nachfragen. Die IT-Industrie sucht weitgehend vergleichbare Fach- und Führungskräfte wie die TK-Industrie; Informatiker, Ingenieure, Wirtschaftingenieure, Betriebswirte sind in höchstem Maße gesucht. Ähnliches gilt für die Branchen Multimedia, Roboting, Telemetrie oder auch Biotechnologie. Und nicht nur die Hersteller und Netzbetreiber in den entsprechenden Branchen verstärken ihre Nachfrage nach einschlägigen Spezialisten und Führungskräften; auch große Anwender, z. B. bei den Finanzdienstleistern und im Handel, die sich auf die kommende E-Commerce-Zeit vorbereiten, verstärken die Nachfrage.

Der Wettbewerb der Branchen um die knappen Fach- und Führungskräfte wird noch verstärkt durch den Wettbewerb der Regionen und Nationen. Die Suche nach typischen und knappen Berufsprofilen für die TK-Branche endet nicht an den deutschen Grenzen und umgekehrt werden deutsche Mitarbeiter aus dem Ausland angesprochen und zum Wechsel zu ausländischen Arbeitgebern veranlasst. Zu dem Unternehmens- und Branchenwettbewerb tritt so noch ein vom einzelnen Unternehmen kaum zu beeinflussender Standortwettbewerb hinzu, Fragen der kulturellen Offenheit, der Liberalität, der Ausländerfreundlichkeit, auch der Steuergesetzgebung beeinflussen die Erfolgschancen, Mitarbeiter aus dem Ausland zu gewinnen oder an das Ausland zu verlieren. Derzeit überwiegt der Eindruck, dass es für ausländische Nachfrager einfacher ist, deutsche Mitarbeiter für Tätigkeiten im Ausland zu gewinnen – Mobilität und Sprachkenntnisse vorausgesetzt – als umgekehrt. Allerdings sind die vielen Deutschlandniederlassungen ausländischer TK-Unternehmen Magnete für den Zuzug weiterer ausländischer Arbeitnehmer – und insbesondere unter den Fach- und Führungskräften jüngeren Alters gehören Auslandserfahrungen nicht nur zur wichtigen Ausbildungsetappe, sondern ebenso in zunehmendem Maße zur selbstverständlichen Station auf dem beruflichen Lebensweg.

Für die – zu wenig vorhandenen – Spezialisten und Führungskräfte in der TK-Industrie sind die Berufschancen fast „paradiesisch" gut: sie können zwischen vielen Stellenangeboten auswählen, national wie international, sie haben Karriere- und Aufstiegschancen, die nicht wenige schon nach zwei oder drei Berufsjahren in erste Führungspositionen bringen, sie erzielen überdurchschnittliche Einstiegsgehälter und Einkommenszuwächse, sie erhalten Incentives angeboten, wie z. B. Firmenwagen, Versicherungen, Stock options bis hin zu Commodities, wie z. B. den Wäsche- und Bügelservice oder den Massageservice.

Für die Personal suchenden Unternehmen bleiben als „Kehrseite" der Medaille steigende Personalkosten – in den Business Plänen meist so nicht geplant. Für das Finden geeigneter Mitarbeiter müssen hohe Kosten für Anzeigenschaltung, Personalauswahl und -vorstellung oder für Personalberater einkalkuliert und ausgegeben werden, das gefundene Personal muss teurer als geplant bezahlt werden; und das gefundene Personal zu halten, es an das Unternehmen zu binden, kostet immense Beträge. Nur: Personal nicht zu finden oder gefundenes Personal wieder zu verlieren, also der nicht besetzte Arbeitsplatz ist die meist noch schlechtere Alternative.

Ausbildung	1995	2000
Informatiker	65	90
Nachrichtentechniker	60	80
Betriebswirt	60	75

Quelle: a_priori international AG

Abbildung 1: Einstiegsgehälter von Hochschulabgängern in der TK-Industrie (Jahreseinkommen in TDM, brutto)

So deutlich und massiv umworben zu sein, beeinflusst offenbar bei manchen Fach- und Führungskräften Auftreten und Charakter auch negativ. Übersteigertes Elitebewusstsein, Unzuverlässigkeit in der Einhaltung von Zusagen und Verträgen stellen Unternehmen – und auch Personalberater – vermehrt fest. „Konjunktur-Glücksritter" unter dem TK-Personal fordern mit jedem Stellenwechsel eine Einkommensverbesserung von 30-50 %, sie unterschreiben einen ersten neuen Anstellungsvertrag, um auf der sicheren Basis dieses Vertrages zusätzliche Chancen zu prüfen und gegebenenfalls den ersten Vertrag mit dem „unglaubhaften Ausdruck des Bedauerns" nicht anzutreten. Ihre Verweildauer beim jeweiligen Arbeitsplatz reduziert sich auf ein bis zwei Jahre in der Erwartung von jeweils deutlichen Einkommenszuwächsen beim Arbeitsplatzwechsel.

Solange die Knappheitssituation in der TK-Branche in der beschriebenen Weise anhält, werden solche Glücksritter belohnt. Sie nutzen die allgemeine Knappheitssituation aus, sie wissen gegebenenfalls, dass nachfragende Unternehmen manchmal stichtagsbezogen Entwicklungsstufen erreicht haben müssen: so ist für die Netzbetreiber vom Regulierer sehr oft vorgeschrieben, bis wann sie bestimmte prozentuale Flächendeckungsgrade im Netzaufbau beweisen müssen. Dies alles ist nur realisierbar, wenn ausreichend Personal gewonnen werden kann.

2. Personalmarketing – Wesen, Ziele und Rahmenbedingungen

Angesichts der Bedeutung des „Faktors Arbeit" für den Erfolg der Unternehmen der TK-Branche ist es verständlich, dass sich die Praxis und die Wissenschaft mit den Problemen der Beschaffung von Fach- und Führungskräften und der Bindung von Mitarbeitern an die jeweiligen Unternehmen besonders intensiv beschäftigen.

2.1 Definition Personalmarketing – Unterscheidung zu Personalverwaltung und Personalrekrutierung/Head Hunting

Unter Personalmarketing wollen wir alle Überlegungen und Aktivitäten verstehen, die sich mit dem Finden und Binden von Personal beschäftigen. Hierbei geht es im Falle der TK-Branche insbesondere um das Finden und Binden von Fach- und Führungskräften.

Personalmarketing unterscheidet sich somit von der reinen Personalverwaltung, sie ist eine mehr operativ administrative Aufgabenstellung, vorhandenes Personal, bezogen auf Lohn- und Gehaltsberechnung, Versicherungsfragen, Urlaubsregelung, arbeitsrechtliche Fragestellungen, zu verwalten.

Personalmarketing unterscheidet sich auch von Personalrekrutierung oder Head Hunting, bei denen in eher technokratischer Weise die Methoden des Personalfindens im Vordergrund stehen.

In diesem Verständnis ist dann Personalmarketing – betrieben entweder von Personalabteilungen und/oder Personalberatern – deutlich umfangreicher: es beginnt bei der Diskussion um die Entwicklung des Unternehmens oder einzelner Unternehmensbereiche, um damit rechtzeitig personelle Bedarfslagen zu erkennen, die intern oder extern zu besetzen sind.

Zu unterscheiden sind internes und externes Personalmarketing: unter externem wollen wir den Aufbau einer positiv belegten Positionierung des Unternehmens als potentiellen Arbeitgeber verstehen, internes Personalmarketing ist insoweit der Aufbau und die Entwicklung einer Zufriedenheit und Loyalität der vorhandenen Mitarbeiter mit dem Unternehmen.

Personalmarketing versteht sich sodann als Mitwirkung bei der Entwicklung von Besetzungsprozessen: die Festlegung des Anforderungsprofils, die Entscheidung, ob eine Besetzung aus „eigenen Reihen" möglich und zu präferieren ist oder von außen erfolgen soll, die hierarchische Einordnung der neuen Position, ihre Entwicklungsperspektive, die Festlegung fachlicher und persönlicher Qualifikationsmerkmale usw. – daran wirkt Personalmarketing frühzeitig und entscheidend mit.

Natürlich gehört zu Personalmarketing auch die Beratung über Beschaffungswege, also die Frage, ob vorhandenes Personal auf eine Vakanz hin zu fördern und auszubilden ist, ob die Suche über Printmedien oder über Online-Stellenbörsen sinnvoll ist oder ob die Direktansprache die erfolgversprechendere Methode ist.

Zu Personalmarketing gehört darüber hinaus aber auch die frühzeitige Heranführung von geeigneten Hochschulabgängern an die Branche bzw. an suchende Unternehmen, die Beratung von Unternehmen über Einkommensentwicklungen, über am Markt übliche und wettbewerbsfähige Nebenleistungen usw.

2.2 Ziele des Personalmarketing

Personalmarketing in diesem Verständnis ist somit deutlich mehr als nur die Administration vorhandenen Personals oder die Beauftragung zur Suche neuen Personals. Mit einem eher ganzheitlichen Ansatz wird versucht, die Geschäftsentwicklung der – intern oder extern – beratenen Unternehmen zu verstehen und personalwirtschaftliche Konzepte zu entwickeln und umzusetzen, die von der Personalseite her die geplanten Geschäftsentwicklungen ermöglichen.

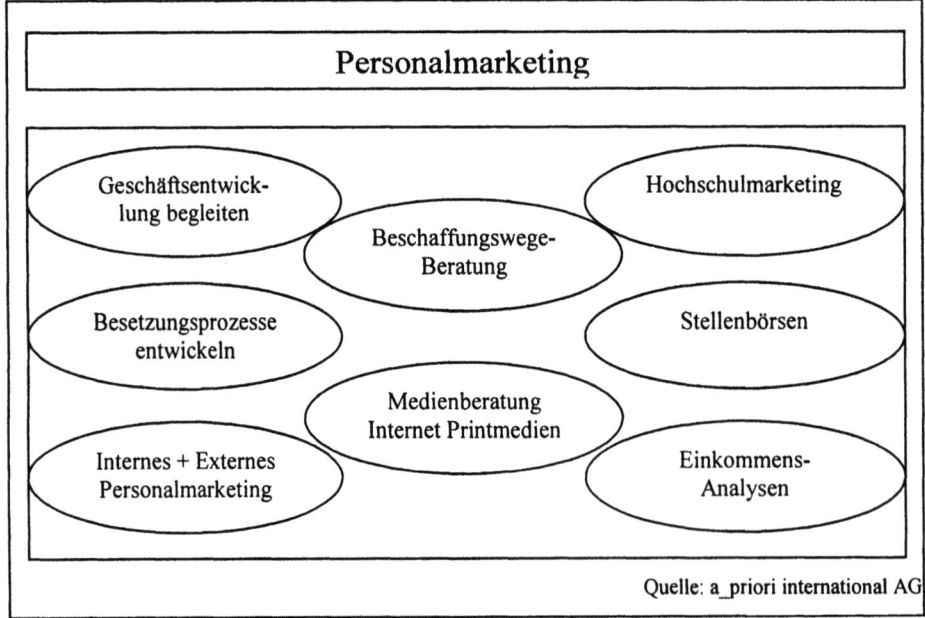

Abbildung 2: Personalmarketing

2.3 Rahmenbedingungen und Instrumente

Voraussetzung für erfolgreiches Personalmarketing ist somit, dass die für Personalmarketing Verantwortlichen – Personalleiter oder externe Personalberater – Gelegenheit erhalten, die Unternehmensstrategie (Produkte, Technik, Vertrieb) mit einer darauf abgestimmten Personalstrategie zu ergänzen und zu begleiten. Dafür ist es zwangsläufig notwendig, frühzeitig an den Unternehmensplanungen beteiligt zu sein; soweit diese Aufgabenstellung externen Personalberatern übertragen wird, ist eine strategische Partnerschaft und ein tiefes Verständnis und Vertrauen zueinander zwingend erforderlich.

Um Personalmarketing in dem beschriebenen Sinne zu betreiben, ist sicherlich unabdingbar, das Unternehmen, die Branche, den Wettbewerb und die erkennbaren Zukunftsentwicklungen zu kennen. Für externe Personalberater bedeutet dies, dass sie in aller Regel dazu Branchenspezialisten sein müssen, die aus der Branche kommen und in ihr weiterleben.

Es bedeutet weiter, dass Personalmarketing nur betreiben kann, wer auf der Klaviatur der dazu notwendigen Instrumente spielen kann und sie beherrscht. Markt- und Wettbewerbsbeobachtung und -analyse gehören ebenso dazu wie die mehr für das Recruiting zuständigen Instrumente der anzeigengestützten Suche, des Direct searchs, der Internetgestützten Suche, des Aufbaus und der Pflege eines Kandidatennetzwerks, des Hochschulmarketings usw. Hierbei ist das Wissensmanagement besonders gefordert: der Komplex der zahlreichen und unterschiedlichen Informationen muss so aufgearbeitet werden, dass er abrufbereit und selektierbar ist und für die personellen Entscheidungen eine zuverlässige Basis bildet.

Dadurch entscheidet sich nach unserer Auffassung, ob Personalmarketing erfolgreich betrieben werden kann oder nicht.

Erfolgreiches Personalmarketing erlaubt aber dann den TK-Unternehmen selbst, sich auf die Wahrnehmung der unternehmenseigenen Kernprozesse zu fokussieren und hierbei sich auf die Mitwirkung und Zulieferung durch Personalmarketing verlassen zu können. „Eine ganzheitliche Personalberatung umfasst heute neben der Suche und Auswahl von Fach- und Führungskräften weitere gezielte Beratungsleistungen wie die Gestaltung und Durchführung von Beurteilungsmaßnahmen (Assessment Center, Management Audits o. a.) und Weiterbildungsmaßnahmen, die Karriereberatung sowie strategische oder konzeptionelle Fragestellungen der Personalarbeit, beispielsweise Fragen der Personalentwicklung oder Vergütungsberatung." (BDU, Fachverband Personalberatung).

```
┌─────────────────────────────────────────────────────────┐
│                     Wissensmanagement                   │
│  ┌───────────────────────────────────────────────────┐  │
│  │  Heißt:  Die Informationsflut                     │  │
│  │            •  recherchieren                       │  │
│  │            •  bündeln                             │  │
│  │            •  sammeln                             │  │
│  │            •  verwalten                           │  │
│  │                                                   │  │
│  │          und zeitlos bereithalten                 │  │
│  │                          Quelle: a_priori international AG │
│  └───────────────────────────────────────────────────┘  │
└─────────────────────────────────────────────────────────┘
```

Abbildung 3:   Wissensmanagement

3. Methoden der Mitarbeiterakquisition und ihre Bewertung

Zur Überwindung – oder zumindest Linderung – der Personalknappheit, aber natürlich auch zum Ausgleich der normalen Fluktuation setzen Unternehmen eigenständig und/oder in Zusammenarbeit mit Personalberatern eine Vielzahl von Methoden des Personalrecruiting ein, die sich grob in

- herkömmliche Methoden und
- innovative Methoden

untergliedern lassen. Im Folgenden wollen wir einige dieser Methoden beleuchten und ihre Eignung oder nicht Nichteignung angesichts der besonderen Knappheitssituation in der TK-Branche beurteilen.

3.1   Initiativbewerbungen

Die einfachste und angenehmste Art, mit potentiellen neuen Mitarbeitern in Kontakt zu kommen, besteht in der Bearbeitung von Initiativbewerbungen. Vor allem Unternehmen mit hohem Bekanntheitsgrad und guten Beurteilungen bei Kriterien wie Innovationskraft, Technologieführerschaft, flache Hierarchien, Börsennotierung usw. haben Chancen, Nachfrage von Fach- und Führungskräften auf sich zu lenken.

Dies gilt sicherlich für einige Unternehmen der TK-Branche. Das bedeutet aber wiederum, dass angesichts der generellen Personalknappheit die TK-Branche zwar gegenüber anderen Branchen einen Wettbewerbsvorteil bezogen auf Initiativbewerbungen aufweisen mag, für das einzelne Unternehmen jedoch dieser Vorteil angesichts der Vielzahl der Personal nachfragenden TK-Unternehmen nicht spürbar wird.

Außerdem ist das Kandidatenpotential, das sich aus Spontanbewerbungen bildet, nicht notwendigerweise gleichzusetzen mit den besten im Markt verfügbaren Kandidaten. Eigeninitiativ bewerben sich Kandidaten, die sich verändern möchten und die auch Interesse an dem Unternehmen haben, bei dem sie sich bewerben. Über ihre fachliche Qualifikation, insbesondere im Vergleich zu anderen möglichen Kandidaten, die sich jedoch nicht eigeninitiativ beworben haben, ist damit noch nichts entschieden. Die Initiativbewerbung als eher passive Form des Personalrecruitments reicht also insgesamt nicht aus, den Personalbedarf der TK-Branche zu decken.

3.2 Arbeitsamtvermittlungen

In der derzeitigen und wohl auch die nächsten Jahre anhaltenden Knappheitssituation auf dem Arbeitsmarkt der TK-Branche scheidet die Arbeitsamtvermittlung als Quelle für neue Mitarbeiter zumindest auf der Fach- und Führungskräfteebene aus. Es gibt (fast) keine arbeitslosen und vermittelbaren TK-Spezialisten und -Führungskräfte; bei einfacheren Tätigkeiten in der Produktion oder in der Administration bei TK-Unternehmen mag dies anders sein. Der Eindruck der Personalknappheit in der TK-Branche wird jedoch nicht von diesen eher „unteren" Berufsprofilen geprägt, sondern von denen der Fach- und Führungskräfte.

3.3 Zeitarbeit

Die Verpflichtung von Zeitarbeitskräften ist sowohl auf der Mitarbeiterebene als auch auf der Führungsebene (Management auf Zeit) eine in Deutschland im internationalen Vergleich noch unterentwickelte, aber wachsende Methode, temporär nicht verfügbares eigenes Personal zu ersetzen. Anlässe können unplanbare Vakanzen auf einzelnen Positionen durch Schwangerschaft, Krankheit, Tod einzelner Stelleninhaber sein, auslösend kann aber auch die Notlage und die Erkenntnis sein, für neue und/oder wachsende Aktivitäten eigenes Personal nicht schnell genug verfügbar zu haben.

Insoweit treffen sicherlich die Einsatznotwendigkeiten von Zeitarbeitskräften branchenübergreifend zu. Für die TK-Branche kommen einige Differenzierungen zusätzlich zum Tragen, die den Einsatz von Zeitarbeitskräften stärker als in anderen Branchen bedingen:

Wie schon erwähnt, ist „time to the market" in der Startphase neuer TK-Unternehmen oder in der Markteinführungsphase neuer Produkte und Dienste von essentieller Bedeutung. Um geplante Markteintrittstermine zu halten, werden in der TK-Branche in großem Stil externe Berater auch für operative Tätigkeiten, von ausländischen Muttergesellschaften delegierte Mitarbeiter sowie Zeitarbeitskräfte von Zeitarbeitsunternehmen beschäftigt.

Zunehmend gilt dies auch für Managementpositionen. Der Manager auf Zeit, der für drei oder sechs Monate ein Unternehmen oder einen Geschäftsbereich aufbaut, um dann einem Nachfolger Platz zu machen, der in der Zwischenzeit gesucht und gefunden wurde, ist inzwischen nicht mehr die exotische Ausnahme, sondern häufig anzutreffen. Für alle Zeitarbeitskräfte, gleich welchen Qualitätsniveaus, gilt, dass sie gegenüber regulär und dauerhaft beschäftigten Mitarbeitern die teurere Lösung darstellen. Sie selbst bzw. die sie entleihenden Unternehmen verlangen und erzielen den Knappheitspreis, der sich aus dem Ungleichgewicht auf dem Personalmarkt der TK-Branche ergibt. Das Diktat der Zeit, geplante und nicht verschiebbare Markteintritts- und Markteinführungstermine, lassen keine andere Wahl.

Aber dennoch ist die Inanspruchnahme von Zeitarbeit stets nur befristet gedacht, sie stellt das Ausgleichspotential für zeitlich oder volumenmäßig nicht planbare Personalanforderungen dar.

Außerdem gilt auch hier, dass seltene Qualifikationsprofile, etwa der oben genannte Customer Care und Billing Architect, auf diese Weise kaum gefunden werden können.

3.4 Stellenanzeigen in Printmedien

Wenn man die Samstagsausgaben der Tageszeitungen liest, gewinnt man den Eindruck, Stellenanzeigen in Printmedien hätten immer noch Hochkonjunktur. Die großen überregionalen Blätter veröffentlichen pro Woche weit mehr als 1000 Stellenanzeigen, darunter – auch und gerade wegen der Personalknappheit im TK-Bereich verständlich – sehr viele Stellenangebote von TK-Unternehmen.

Insoweit verhalten sich die Unternehmen der TK-Branche nicht anders als die anderen Branchen. Sie verwenden die gelernten Methoden, sie wissen, wie man eine Anzeige auffällig gestaltet (Platzierung, Größe, Farbe, Gestaltung), sie geben viel Geld für die Gestaltung, die Schaltung und die Nachbearbeitung der Anzeigen aus... und sie übersehen oder nehmen nicht wahr, dass in einer Arbeitsmarktsituation eines dramatischen Nachfrageüberhangs nach Arbeitskräften die Stellenanzeige in Printmedien nicht mehr den alt hergebrachten Erfolg bringt.

Die Erfolgskontrolle von Stellenanzeigen in Printmedien bringt ernüchternde Ergebnisse. Aus unserer Praxis hierzu einige Beispiele: Ein sehr renommiertes Beratungsunternehmen im IT-/TK-Umfeld sucht mit einer ganzseitigen, vierfarbigen Anzeige in den Wochenendausgaben der großen Tageszeitungen Consultants, sicherlich mit hohen Profilanforderungen, aber dennoch – Firmenimage und Bekanntheitsgrad, Position, Entwicklungschancen, Einkommen der zu besetzenden Positionen klingen so attraktiv, dass die Zahl der spontanen Reagenten - nur zwei Kandidaten nehmen die Gelegenheit einer direkten telefonischen Auskunft wahr -absolut enttäuschend ist.

Für ein Unternehmen, das den physikalischen Aufbau eines Telekommunikationsnetzes zu leisten hat, suchten wir mit einer Anzeige technisch ausgerichtetes Personal mit sehr unterschiedlichen Profilen, vom Netzplaner bis zum Bauingenieur. Der Bewerbungseingang mit etwa 60 Bewerbungen war hier zwar quantitativ besser, aber auch bei weitem nicht ausreichend, die Zahl der zu besetzenden Positionen zu bedienen.

Vor einigen Jahren noch wären auf solche Anzeigen „waschkörbeweise" Bewerbungen eingegangen, darunter auch genügend mit guter Qualität. Heute ist sowohl die Quantität der Bewerbungen absolut unzureichend, aber auch die Qualität. Es ist zu beobachten, dass Bewerber mit ihrem eigenen Qualifikationsprofil recht großzügig umgehen, es nicht mit den Profilanforderungen, die in der Stellenanzeige beschrieben sind, sorgfältig vergleichen. Möglicherweise ist dies ein Ergebnis der verringerten Mühe bei der Erstellung von Bewerbungsschreiben: viele Kandidaten haben heute ihren Lebenslauf in ihrem PC abgespeichert und können ihn ohne große Mühe ausdrucken und versenden. Weil die Erstellung und der Versand von Bewerbungsunterlagen keine Mühe mehr macht (dies gilt ganz besonders bei den später zu behandelnden Online-Bewerbungen) bewirbt man sich problemlos lieber „einmal zu viel als zu wenig".

Es gibt natürlich branchentypische Ursachen, die den relativen Misserfolg der Print-Stellenanzeige mit sich bringen. Zunächst gilt, wie für jede Printwerbung, dass sie nur von den Lesern wahrgenommen und verarbeitet werden kann, die dieses Printmedium erhalten.

Um die Anzeige zu lesen und darauf zu reagieren, müssen sie zusätzlich in einer Phase virulenter oder bereits offener Wechselbereitschaft sein; diese ist bei bereits Arbeitslosen besonders drängend.

Das heißt umgekehrt, dass Nichtleser der entsprechenden Stellenanzeige keine Information über die Vakanz erhalten, dass Nicht-Wechselbereite die Stellenangebote nicht wahrnehmen und demzufolge nicht auf sie reagieren. Bezogen auf den gesamten potentiellen Kandidatenmarkt nimmt folglich nur eine kleine Minderheit Stellenangebote wahr und ein noch kleinerer Teil wird darauf reagieren.

In der TK-Branche haben Mitarbeiter in den letzten zehn Jahren im Übrigen gelernt, dass sie infolge des Marktungleichgewichts keine Sorge um ihre berufliche Entwicklung haben müssen. Sie werden von Unternehmen oder – in deren Auftrag – von Personalberatern angesprochen, ob sie sich verändern wollen. Sie müssen nicht mehr selbst Initiative zum Unternehmenswechsel und zur Fortsetzung ihrer beruflichen Laufbahn ergreifen, sie wird ihnen angeboten.

Aus dem Gesagten schließen wir, dass die Printanzeige in der TK-Branche an Stellenwert verloren hat und weiter verlieren wird. Sie erreicht nur eine geringe Zahl der gewünschten Adressaten; außerdem besteht keine Gewähr, dass dies die bestgeeigneten sind.
Dennoch wäre es verwegen und falsch, die Printanzeige totzusagen. Zumindest unter Marketingaspekten behält sie ihren Wert: sie vermittelt dem Markt die „frohe Botschaft", dass das Unternehmen für weiteres Wachstum zusätzliches Personal benötigt.

Weil die herkömmlichen Methoden der Personalakquisition bei weitem nicht ausreichen, das benötigte Personal zu generieren, hat die TK-Branche – wie auch andere Wachstumsbranchen – innovative Methoden der Mitarbeiterakquisition entwickelt.

3.5 Online- Stellenanzeigen

Online-Stellenazeigen im Internet ergänzen und ersetzen in zunehmenden Maße Print-Stellenanzeigen.

Beinahe alle Unternehmen, die sich im Internet präsentieren, annoncieren in ihrem firmeneigenen Stellenmarkt ihre Vakanzen und adressieren damit die rasch wachsende Zielgruppe der Internet-User. Diese Zielgruppe ist in der heutigen Zusammensetzung noch typischerweise jung, am Beginn der beruflichen Laufbahn, in IT- oder TK-Unternehmen arbeitend oder daran interessiert. Die rasch wachsende Penetration des Internet lässt jedoch die sichere Voraussage zu, dass auch andere Adressaten – ältere Mitarbeiter, berufserfahrene und in Führungspositionen befindliche Mitarbeiter auch anderer Branchen – mit Online-Stellenanzeigen erreicht werden können.

Im Vergleich zu Print-Anzeigen haben Online-Anzeigen viele Vorteile: In aller Regel sind die Gestaltungs- und Schaltungskosten deutlich niedriger, sie sind flexibler einsetzbar sowohl was den Schaltungszeitpunkt angeht (der Redaktionsschluss ist nicht vom Erscheinungsdatum einer Zeitung abhängig), als auch was die Schaltungsdauer angeht (eine Zeitungsanzeige erscheint ein Mal, eine Online-Anzeige steht für einen längeren Zeitraum). Die Online-Anzeige bietet darüber hinaus als Bestandteil des gesamten Unternehmensauftritts im Internet mehr Informationsmöglichkeiten, als dies eine aus dem Kontext einer Firmenpräsentation herausgelöste Print-Stellenanzeige vermag. Schließlich bietet die Online-Anzeige Möglichkeiten zur Interaktivität, zum sofortigen Response, zur Abforderung weiterer Informationen usw. Nicht zuletzt ist die Online-Stellenanzeige nicht wie die Print-Stellenanzeige in ihrem Verbreitungsgebiet eingegrenzt; Zeitungsanzeigen sind zwangsläufig nicht nur durch die Höhe der Auflage, sondern auch durch die Grenzen des Verbreitungsgebiets in ihrer Wirksamkeit limitiert.

Diesen Vorteilen der Online-Anzeige stehen aber auch Nachteile gegenüber: Die Zeitung als Informationsmedium und Träger der Anzeigenbotschaft ist unabhängig vom Arbeitsplatz konsumierbar; die Online-Stellenanzeige ist üblicherweise nur am Arbeitsplatz oder an Orten nutzbar, bei denen ein Laptop genutzt werden kann.

In den Wochenendausgaben der Tageszeitungen und in den Fachzeitschriften wird eine Vielzahl von Stellenanzeigen unterschiedlicher Branchen, aber auch konkurrierender Unternehmen wiedergegeben. Für den Stellensuchenden ergibt sich so die Möglichkeit der Auswahl und des Vergleichs. Die Online-Stellenanzeige als Bestandteil der jeweiligen Firmenpräsentationen ist hier weniger transparent: sie zwingt zum Homepage-Hopping; wer sich zum Beispiel als Key Account Manager in der TK-Industrie für eine neue Aufgabe interessiert, muss zunächst Kenntnis von allen oder den wichtigsten Unternehmen dieser Branche haben und sich durch die jeweiligen Firmenpräsentationen bis zum firmeneigenen Stellenmarkt durcharbeiten.

Diesem Nachteil helfen die in jüngster Zeit entstandenen und rasch wachsenden Online-Jobbörsen ab. Hier werden nach Berufen und Profilen geordnet vakante Positionen annonciert, mit Verweisen oder Links auf die entsprechenden Unternehmenspräsentationen. So sind für stellensuchende Interessenten alle Informationen abrufbar, die sie über Aufgabe, Unternehmen und Branche für ihre Entscheidung zu einer aktiven Bewerbung benötigen.

Online-Stellenbörsen verbinden in der Regel Stellenangebote und Stellengesuche: Wechselinteressierte Kandidaten haben die Möglichkeit, ihr Kandidatenprofil ins Netz zu stellen und auf diese Weise suchende Unternehmen auf sich aufmerksam zu machen. Komfortable Online-Jobbörsen nutzen diese Informationen, indem sie suchende Unternehmen darüber informieren, dass Stellensuchende vorhanden sind, deren Profil auf die Anforderungen passt, bzw. umgekehrt, indem sie Stellensuchende darüber informieren, dass Stellenangebote vorhanden sind, die den Suchanforderungen der Stellensuchenden entsprechen.

Die Nutzung von Online-Anzeigen, sowohl bei den firmeneigenen Stellenbörsen als auch bei den Online-Jobbörsen, hat einen dramatischem Umfang angenommen, ohne dass bisher das Volumen der Print-Anzeigen abgenommen hätte. Mittel- bis langfristig ist dies jedoch zu erwarten, da die Online-Anzeige nicht nur die preiswertere Alternative darstellt, sondern gleichzeitig auch die in ihrem Handling komfortablere ist. So bieten z.B. Online-Jobbörsen bereits heute oder in naher Zukunft Produktfeatures an, die den Sucherfolg sowohl für Stellenanbieter wie für Stellensuchende erhöhen. „Karriereguide", die Online-Jobbörse des Personalberatungsunternehmens a_priori international AG zum Beispiel, ermöglicht dem Stellensuchenden eine komplette E-Bewerbung mit Foto, Anschreiben, Zeugnissen, Lebenslauf usw. als Antwort auf Stellenangebote zu versenden; Kandidaten können per email, SMS, Fax usw. Nachrichten erhalten und senden, sie können bei ihrer Stellensuche Selektionen vornehmen, natürlich nach Branchen, aber beispielsweise auch den Suchradius eingeben, z. B. mit der Angabe „Suche alle geeigneten Positionen im Umkreis von 50 km"; es wird die Möglichkeit für den Bewerber geboten, einen Gesprächskontakt mit einem stellenanbietenden Unternehmen zu organisieren, unterstützt durch Reiseplanung, Anfahrtskizzen usw.

Nur scheinbar tritt die geschilderte Entwicklung der Jobbörsen in Konkurrenz zu den Aufgabenfeldern, die heute Personalberatungsunternehmen wahrnehmen. Das Internet bietet auch Personalberatern eine wesentlich größere, schnellere und zugänglichere Informationsvielfalt, die nutzbar gemacht werden kann. Informationen über Unternehmen, Märkte, Wettbewerber, insbesondere aber natürlich auch Informationen über potentielle Kandidaten können aus dem Internet und aus den Online-Stellenbörsen gewonnen werden. Die zielführende Leistung wird darin bestehen, die Informationsflut zu strukturieren und zu sortieren, kurz: Wissensmanagement zu betreiben. Die schon beschriebene Wandlung erfolgreicher Personalberatungsunternehmen vom reinen Head Hunter zum Personalmarketing-Berater basiert ganz wesentlich auf diesem Umstand.

3.6 Direct search

Die wesentliche und ihrer Bedeutung zunehmende innovative Methode der Mitarbeiterakquisition, insbesondere für Fach- und Führungskräfte ist jedoch der Direct search. Dabei kann die Direktansprache grundsätzlich natürlich sowohl von den Personalabteilungen der Unternehmen durchgeführt werden oder aber in ihrem Auftrag von darauf spezialisierten Personalberatungen. Fokussierung auf Kernkompetenzen hat vielfach dazu geführt, dass suchende Unternehmen die Personalsuche per Direktansprache darauf spezialisierten Personalberatungsunternehmen in Auftrag geben. Direct search unterscheidet sich wesentlich von der anzeigengestützen Suche. Bei dieser ist das suchende Unternehmen eher in einer passiven Rolle. Nach der Schaltung der Anzeige, ob Print oder Online, ist das suchende Unternehmen auf die Reaktion von Adressaten angewiesen. Ob und wie viele Adressaten reagieren, welche Qualifikation sie aufweisen, ist vom „Absender" nicht zu beeinflussen.

Der Direct search ist dagegen die aktivere Suchmethode: Es werden von vorneherein nur Kontakte zu Kandidaten aufgenommen, deren fachliche Eignung bekannt ist; unter geeigneten Kandidaten werden dann die geeigneten ausgewählt.

Die Voraussetzungen für einen erfolgreich betriebenen Direct search lassen sich wie folgt ableiten:

1. Verständnis der Branche, des Unternehmens und der Positionen; Branchenspezialisten unter den Personalberatungsunternehmen betonen hier ihre Wettbewerbsvorteile;

2. Zugang zu geeigneten Kandidaten, Kenntnis von Kandidaten aus der Bearbeitung früherer Projekte; Wiederauffinden bekannter Kandidaten durch entsprechende Selektionsmethoden;

3. Finden und Definieren von Zielfirmen, in denen geeignete Kandidaten zu identifizieren sind;

4. Zielführende Ansprache- und Interviewmethodik;

5. Zielführende Bewertungsmethodik von Kandidaten bzgl. ihrer fachlichen und persönlichen Qualifikation sowie ihrer Wechselbereitschaft.

Die Methode der Direktansprache ist insbesondere für Fach- und Führungskräfte in der Telekommunikationsbranche vielfach die erfolgreichste Methode geworden. Wenn weitere Argumente, wie z. B. die Diskretion der Personalsuche gegenüber noch vorhandenen Stelleninhabern oder die Geheimhaltung der mit Personalsuche verbundenen Geschäftspläne hinzukommt, stellt sie sogar die einzig zu favorisierende Suchmethode dar.

3.7 Management auf Zeit

Management auf Zeit ist eine Sonderform der Zeitarbeit, die als solche durchaus eine der herkömmlichen Formen der Personalakquisition darstellt (s. o.). Der Gründerboom in der Telekommunikationsbranche sowie der regelmäßig anzutreffende Zeitdruck – Stichwort: time to the market – bewirken aber, dass Unternehmensaktivitäten auch begonnen und ergriffen werden müssen, bevor Führungsaufgaben hauptamtlich und endgültig besetzt sind.

Dazu bietet sich speziell in der TK-Industrie die Besetzung vakanter Positionen mit Managern auf Zeit an. Diese werden gezielt für eine Aufbausituation – manchmal auch für eine Restrukturierungs- oder Sanierungssituation – auf Zeit, d. h. für einen befristeten Zeitraum von drei, sechs oder zwölf Monaten engagiert, mit klarer inhaltlicher Zielvorgabe und klarer zeitlicher Befristung. Inhaltlich geht es sehr oft um die Entwicklung und den Feinschliff von Strategien, um die Implementierung von Strategien, um den Aufbau von Unternehmensbereichen.

Zeitlich geht es meist um den Zeitraum, der erforderlich ist, die gesetzten Ziele für den Zeitmanager zu erreichen, bzw. der erforderlich ist, um den gesuchten „hauptamtlichen" und „endgültigen" Stelleninhaber zu finden.

Der Bedarf nach Managern auf Zeit ist insbesondere bei Start-up-Unternehmen in der TK-Branche häufig anzutreffen; die Unternehmensgründer bringen typischerweise nicht für alle Führungsaufgaben die notwendigen Führungserfahrungen mit. Technikern fehlen Erfahrung und Kompetenz im Marketing, Vertrieb und Administration, Vertrieblern vice versa die Erfahrung in Technik und Administration. Die Suche nach Führungskräften, die das eigene Erfahrungs- und Kompetenzdefizit schließen, dauert in aller Regel länger, als unter dem Druck des „time to the market" zulässig erscheint. In dieser „Notlage" ist die Verpflichtung eines Managers auf Zeit der vielversprechende Ausweg.

Manager auf Zeit sind dabei typischerweise ältere, erfahrene Manager, die aus ihrer Führungsaufgabe bereits ausgeschieden sind, fachlich, geistig und auch bezüglich ihrer körperlichen Leistungsfähigkeit aber noch voll einsetzbar sind. Sie können entweder über das private Netzwerk, über das Firmengründer und Berater verfügen, angesprochen werden oder über darauf spezialisierte Personalberatungen gesucht und verpflichtet werden.

Eine Herausforderung und möglicherweise auch Problematik der Verpflichtung von Managern auf Zeit besteht allerdings darin, dass diese geeignet sind, kurzfristige Unternehmensziele zu erreichen und dabei möglicherweise mittel- und langfristige außer Acht zu lassen. Außerdem birgt unter Umständen die Tatsche Konfliktstoff, dass Manager auf Zeit typischerweise der eher älteren Generation angehören, während die Führungsmannschaft und auch die Mitarbeiterschaft in typischen Start-ups einige Jahrzehnte jünger sein dürfte. Dieser Generationenunterschied kann aber – bei beiderseitiger Akzeptanz – auch fruchtbar und zielführend sein.

3.8 Hochschulmarketing

Bei leergefegten Arbeitsmärkten in der TK- und auch in der IT-Industrie richtet sich die Nachfrage notwendigerweise nicht nur zusätzlich auf ältere Arbeitnehmer (s. o. Manager auf Zeit), sondern auch auf jüngere, noch in der Ausbildung befindliche. Diesen Aspekt verfolgt das Hochschulmarketing, das sowohl von Unternehmen selbst als auch von einigen Personalberatungen betrieben wird[1].

Hochschulmarketing verfolgt vorrangig das Ziel, Hochschulabsolventen schon vor ihrem Eintritt in den Beruf kennen zu lernen, sie mit dem Unternehmen und den gebotenen Berufschancen bzw. mit den Dienstleistungen des Personalberatungsunternehmens vertraut zu machen. Diese Aktivität folgt der Erkenntnis, dass in der TK- und in der IT-Branche aus Hochschulabgängern in wenigen Jahren Spezialisten und Führungskräfte werden, die

---

[1] a_priori international AG nimmt seit einigen Jahren an Absolventenkongressen teil und kooperiert neuerdings mit der Studentencommunity Carriere 2day.

zu kennen und auf ihrem Berufsweg zu begleiten die Personalrecruiting-Anforderungen von morgen erleichtert.

Hochschulmarketing von Personalberatungen betreiben gibt den Studenten, vor allen Dingen den High Potentials unter ihnen, zusätzlich Informationen, die für ihre berufliche Orientierung wertvoll sein können: So werden z. B. Informationen gegeben über die fachlichen Anforderungen bestimmter Branchenpositionen, über Einkommenssituationen und -entwicklungen, über Einstiegschancen bei Unternehmen, für die Personalberatungsunternehmen arbeiten, es werden unter Umständen Praktika vermittelt, Auslandsaufenthalte, Seminare usw.

Dies gibt Studenten frühzeitig eine Hilfestellung bei ihrer Berufswahl und bei der Auswahl von Unternehmen, bei denen sie den Berufseinstieg vollziehen wollen.

Für die so agierenden Personalberatungen entsteht auf diese Weise die Möglichkeit einer frühzeitigen Identifikation und Bindung zukünftiger Fach -und Führungskräfte, die sie bei kommenden Suchaufträgen verwenden können.

3.9 Personalforen

Eine neuere Entwicklung der Mitarbeiterakquisition stellt die Veranstaltung von Personalforen dar, die entweder Firmen jeweils für sich oder mehrere Unternehmen gemeinsam durchführen. Auch bei der Veranstaltung von Personalforen bedienen sich Unternehmen oft der Unterstützung von Personalberatungsunternehmen.

Zu solchen Personalforen werden Kandidaten, die von ihrem beruflichen Profil auf die Positionsprofile von Unternehmen passen, gezielt eingeladen. Dies geschieht über Zeitungsanzeigen (Streuverlust!) oder aber gezielt über Mailings oder telefonische Einladungen. Für gezielte Einladungen sind selbstverständlich vorherige Selektionsprozesse erforderlich, die von Personalberatungsunternehmen durchgeführt werden können.

Inhalte von Personalforen sind üblicherweise die Präsentation der einladenden Unternehmen, die Vorstellung von Positionsprofilen, die Darstellung von beruflichen Entwicklungschancen, die Diskussion und das Zusammentreffen mit Führungskräften der jeweiligen einladenden Unternehmen.

Diese Personalforen finden typischerweise in Kongressräumen guter Hotels statt, in Ausnahmefällen werden heute bereits Kandidaten zu Auslandsveranstaltungen eingeladen, um sie für einen späteren Eintritt in das einladende Unternehmen „geneigt" zu stimmen. Vergleiche mit „Kaffeefahrten", bei denen Rentnern Wärmedecken verkauft werden, sind nicht von der Hand zu weisen. Teilnehmer an Personalforen sollten die intensive Informations- und Diskussionsmöglichkeit dieser Veranstaltungen nutzen, ihre Entscheidungsfreiheit aber nicht unkritisch aufgeben.

3.10 Aus- und Weiterbildung vorhandener Mitarbeiter

Aus- und Weiterbildung ist nicht nur ein Mittel der Mitarbeiterbindung (s. weiter unten), sondern auch eine Möglichkeit, vakante Positionen im Fach- und Führungskräftebereich zu besetzen. Unter dem Aspekt der Mitarbeitermotivation und der Firmenkultur sind diese Möglichkeiten besonders hoch anzusiedeln; in vielen Unternehmen wird daher die Besetzung vakanter Fach- und Führungspositionen aus dem eigenen Mitarbeiterkreis vorrangig betrieben und vorhandene Mitarbeiter auf ihre mögliche künftige Verwendung in weiterführenden Aufgaben hingefördert.

Das rasche Unternehmens- und Branchenwachstum sowie die Nicht-Planbarkeit entstehender Vakanzen durch Krankheit, Unfall und Kündigung bringen es jedoch mit sich, dass entstehende Vakanzen nicht immer aus den Reihen vorhandener Mitarbeiter geschlossen werden können. Betriebliche Aus- und Weiterbildung, so ernsthaft sie auch vielfach betrieben wird, konkurriert zudem immer mit „produktiven" Arbeitszeiten; bei der vorherrschenden Arbeitskräfteknappheit genießt daher Aus- und Weiterbildung oft nur die zweite Priorität. Demzufolge „produziert" betriebliche Aus- und Weiterbildung nicht in den notwendigen Ausmaß die Zahl der Kandidaten, die für vakante Positionen in TK-Unternehmen benötigt werden.

4. Mitarbeiterbindung

Nach dem Finden geeigneter Mitarbeiter ist ihre Bindung an das Unternehmen die nächste Herausforderung, und keine geringe, wenn man Akquisitionskosten, Einarbeitungskosten und Umsatz- und Know-how-Verluste im Falle des Scheiterns berücksichtigt.

In früheren Jahrzehnten bedeutete Mitarbeiterbindung die eigentliche Herausforderung: Nach der Ausbildung oder dem Studium trat man bei „Bosch" oder bei „Siemens" ein und verblieb bei „seinem" Unternehmen (berufs-)lebenslänglich. Noch vor 20 – 30 Jahren empfahlen Karriereberater Berufsstationen in den jeweiligen Unternehmen, auch Verweildauer genannt, nicht unter fünf bis sieben Jahren anzustreben, weil nur so nachhaltige Erfolge zu bewirken und zu belegen seien und die Gefahr, als Job Hopper kritisch betrachtet zu werden, vermeidbar sei.

Die heutige Praxis in den TIMES-Industrien[2] hat sich unter dem Einfluss amerikanischer und britischer Erfahrungen und den Zwängen des Arbeitskräfte-Knappheitsmarktes völlig geändert. Zwar sind wir in Deutschland noch um einiges entfernt von amerikanischen und britischen Verhältnissen, wo für Spezialisten in der IT- und TK-Industrie Verweilzeiten von eineinhalb bis zwei Jahren an der Tagesordnung sind. Aber für junge Product Manager und für viele Berufsbilder in der Multimedia-Industrie sind Verweilzeiten von zwei bis drei Jahren heute nicht mehr unüblich.

Dies verdeutlicht, wie notwendig Anstrengungen sind, mit viel Aufwand gewonnene Mitarbeiter länger an das Unternehmen zu binden.

Auch bei den Methoden des Bindens lässt sich zwischen herkömmlichen und innovativen Methoden unterscheiden, wobei in der Praxis meist eine Mischung verschiedener Ansätze, gemixt aus herkömmlichen und innovativen angewandt wird.

Zu den herkömmlichen und eigentlich selbstverständlichen Methoden der Mitarbeiterbindung zählt notwendigerweise die Attraktivität und die Herausforderung der Aufgabe. Die Aufgabe muss für den neuen Mitarbeiter eine Herausforderung darstellen, sie muss ihm Erfolgserlebnisse vermitteln, wenn er sie meistert.

Die Aufgabe, das Unternehmen und die Branche muss dem Mitarbeiter berufliche Perspektiven bieten. Mitarbeiter wollen Chancen sehen, sich beruflich, aufgabenmäßig, einkommensmäßig entwickeln zu können. Sie wollen Möglichkeiten für eine wachsende Verantwortung und für Karriere geboten bekommen. Wenn dies für sie erkennbar ist, sind sie bereit, sich zu engagieren und die notwendigen Etappen zu diesem Ziel zu gehen. Dies bedeutet dann notwendigerweise – und von Mitarbeitern akzeptiert – eine längerfristige Bindung an das Unternehmen.

Eine positiv wahrgenommene Firmenkultur erzeugt gemeinsam mit der akzeptierten Aufgabe ein Wohlbefinden, ein Zugehörigkeits- und Loyalitätsgefühl, das Abwanderungsgedanken bei Mitarbeitern gar nicht erst entstehen lässt.

Dabei wird es die „allseelig machende" Firmenkultur, diejenige Kultur, in der sich ein jeder wohlfühlen wird, nicht geben. Subjektive Vorstellungen und Empfindungen spielen hier sicherlich eine Rolle.

Der in der TK-Branche meist anzutreffende Mitarbeitertypus des gut ausgebildeten, weltoffenen, multikulturell interessierten, kommunikativen, einsatzwilligen und karriereorientierten Mitarbeiters definiert aber Anforderungen an die gewünschte Firmenkul-

---

[2] TIMES= Telekommunikation, Information, Multimedia, Entertainment, Security- Industrien

tur. Unternehmen, die den so definierten Vorstellungen nicht entsprechen, werden unbedingt Schwierigkeiten haben, Mitarbeiter zu gewinnen und an sich zu binden.

Gar nicht unbedingt im Vordergrund bei der Fragestellung der Mitarbeiterbindung steht das Einkommen; das Einkommen muss natürlich stimmen und fair sein und leistungsbezogen angepasst werden. Bei einer Wechselentscheidung von einem zum anderen Arbeitgeber steht üblicherweise auch die Erwartung eines Einkommenszuwachses in der Größenordnung von 10 – 20 % im Raum. In der Gründerboomzeit neuer TK-Unternehmen 1997/98 kauften manche TK-Unternehmen benötigte Mitarbeiter mit Zusagen für Einkommenszuwächse von 30 – 50 % gegenüber den bisherigen Einkommen. Unter den Folgen dieser Politik, sowohl was ihre Personalkostensituation als auch die Erwartungshaltung der so gekauften Mitarbeiter angeht, haben sie und die gesamte Branche heute zu leiden.

Trotz solcher Auswüchse steht in einem Entscheidungskatalog das Einkommen und seine Aufwärts-Entwicklung nicht an erster Stelle, wenn es um eine Wechselentscheidung von Kandidaten geht. Im Beratungsgeschäft erleben wir oft, dass Mitarbeiter wegen einiger 1000 DM nicht bereit sind, ihre jetzige, ihnen bekannte Position und Situation gegen eine neue, unbekannte und darum unsicher erscheinende Position zu verlassen.

Die verstärkte Fluktuation von Mitarbeitern in TK-Unternehmen und die oben bereits abgehandelte Verkürzung der Verweildauer in den Unternehmen ist Beleg dafür, dass die herkömmlichen Ansätze der Mitarbeiterbindung nicht ausgereicht haben, bzw. dass die herkömmlichen Ansätze nicht deutlich genug eingesetzt werden. Wie dem auch sei: die Wirtschaft insgesamt und die TK-Industrie insbesondere haben in den letzten Jahren zusätzliche innovative Ansätze der Mitarbeiterbindung entwickelt, mit denen sie dem Trend der Verkürzung der Verweildauer entgegenwirken wollen.

Eine eher technokratische Methode ist dabei die Vereinbarung verlängerter Kündigungszeiten. Diese Methode ist zwar legitim, praktisch aber wenig effektiv. Zunächst einmal geht es hierbei um die Verlängerung von Kündigungszeiten von vier oder sechs Wochen auf drei oder sechs Monate. Das Problem der Verkürzung der Verweildauer wird damit nur graduell angegangen.

Wichtiger ist aber, dass die Vereinbarung einer verlängerten Kündigungsfrist meist nur auf dem Papier Erfolg verspricht, nicht aber in der Realität. „Reisende soll man nicht aufhalten", diese Erfahrung wird meist dennoch befolgt, wenn Mitarbeiter kündigen und vorzeitig aus ihrem Vertrag entlassen zu werden wünschen.

Tatsächlich ist für die erfolgreiche Wahrnehmung vieler Aufgaben, so im Marketing und im Vertrieb, aber auch gegebenenfalls in anderen Positionen nur schwerlich mit vollem Engagement und voller Mitarbeiterleistung zu rechnen, wenn innerlich oder bereits vollzogen die Kündigung ausgesprochen ist.

Interessanter und zielführender ist der Ansatz, mit einer entsprechenden Unternehmens- und Abteilungsorganisation die berufliche Aufgabe attraktiver zu machen und damit die Zufriedenheit der Mitarbeiter zu erhöhen. Hier steht im Vordergrund – und in der TK-Industrie breit praktiziert – der Abbau von Hierarchien und die Einführung von Projektorganisationen. Damit können Mitarbeiter fachliche Führungsverantwortung übernehmen und sich mit Erfolg – oder Mißerfolg – identifizieren und sich Ergebnisse zuordnen lassen. Flache Hierarchien und Projektorganisationen sind zudem Möglichkeiten der Verkürzung und der Transparenz von Entscheidungswegen, der Förderung von Teamarbeit und Kommunikation und der Einübung und Übernahme von Teil- und Gesamtprojektverantwortung. Im Erfolgsfall entsteht so Akzeptanz der individuellen und der Teamleistung, Bereitschaft zur Übernahme von Verantwortung, Eigendynamik und Einsatzmotivation.

Eine ebenfalls eher technokratische und auch eher defensiv anmutende Methode der Mitarbeiterbindung ist der gelegentlich anzutreffende Versuch, Teilnehmer an Ausbildungsmaßnahmen zu definierten Mindestverweildauern zu verpflichten bzw. eine Rückzahlungsverpflichtung der Ausbildungskosten zu vereinbaren, wenn sie vor Ablauf der Amortisationszeit das Unternehmen verlassen. Solche Vereinbarungen finden sich gelegentlich bei Telekommunikationsunternehmen, die Mitarbeiter in Seminare und Ausbildungsveranstaltungen delegieren, die zeit- und außerordentlich kostenintensiv sind. Bei drei- bis sechsmonatigen Ausbildungen müssen von den Unternehmen durchaus Kosten in einer Größenordnung von ca. 50 TDM aufgebracht werden. Verständlich, dass sie den Gedanken des „Investitionsschutzes" in derartige Verlängerungen von Kündigungszeiten bzw. Kostenrückzahlungsverpflichtungen einfließen lassen.

Der Markt reguliert aber auch derartige Bindungsmethoden: teuer ausgebildete Spezialisten werden gegebenenfalls auch aus solchen Verträgen „herausgekauft". Suchende Unternehmen sind nach unseren Beobachtungen bereit, die Verpflichtung zur Rückzahlung von Ausbildungskosten zu übernehmen, wenn dadurch die Möglichkeit besteht, derartig gesuchte Spezialisten zu gewinnen.

Die neueste Mitarbeiter-freundlichere Bindungsmethode ist sicher die leistungs- und/oder ergebnisorientierte Zusage von Beteiligungsmodellen und Stock-options. Insbesondere junge Unternehmen der TK-Industrie, die als Start-ups den Börsengang planen oder bereits gegangen sind, praktizieren diesen Ansatz. Sie gleichen damit aus, dass sie noch nicht über die Attraktivität und das „Sicherheitsversprechen" eines großen Firmennamens verfügen. Und gelegentlich gleichen sie damit auch aus, dass sie in der Gründungs- und ersten Wachstumsphase noch nicht in der Lage sind, marktfähige oder wettbewerbsüberlegene Einkommen zu zahlen.

Der letzte Punkt zeigt sicherlich gleichzeitig das Risiko für Mitarbeiter auf, für die Beteiligungsmodelle und Stock-options-Zusagen ausschlaggebend waren für die Entscheidung zugunsten eines neuen Arbeitgebers. Aktueller Einkommensverzicht kombiniert mit der Erwartung künftiger Einkommen aus Beteiligungsvermögen lohnt unter finanziellen Aspekten nur dann, wenn das Beteiligungsvermögen wirklich entsteht und wächst und künftig Einkommen abwirft. Während der jüngsten Boomperiode der Technologie-Aktien und insbesondere auch der Telekommunikationsaktien schien diese Erwartung sicher und aus Kandidatensicht unkritisch. Die Kursrückgänge insbesondere von Technologie-Aktien im Jahre 2000 zeigen jedoch deutlich, dass Beteiligungsmodelle durchaus spekulativen Charakter tragen und Stock options nicht unbedingt einen zusätzlichen Einkommensbestandteil darstellen müssen.

Trotz dieser – möglicherweise vorübergehenden - Erfahrung stellen aber Beteiligungsmodelle und Stock-options einen besonders wichtigen Ansatz dar, Mitarbeiter zu gewinnen und zu binden. Dabei ergibt sich der Bindungscharakter daraus, dass die Stockoptions regelmäßig erst nach einigen Jahren eingelöst werden können, Firmenzugehörigkeit vorausgesetzt. Die Bezeichnung von Stock options als „Goldene Handschellen" beschreibt den Sachverhalt treffend.

Ähnlich wie bei den Rückzahlungsverpflichtungen von Ausbildungskosten sind jedoch auch Stock-options letztlich kein ein absolutes Hindernis für den Wechsel von einem zum anderen Arbeitgeber. Ein neuer potentieller Arbeitgeber, sofern er ebenfalls Stockoptions-Programme praktiziert, ist durchaus in der Lage, mit einem eigenen Stockoptions-Angebot den möglicherweise entgangenen Vorteil, der sich bei einem Ausscheiden vom aktuellen Arbeitgeber ergeben mag, auszugleichen.

Unternehmen, die beispielsweise wegen ihrer Rechtsform nicht in der Lage sind, Beteiligungsmodelle oder Stock-options-Programme zu praktizieren, können logischerweise diesen Teilaspekt des Mitarbeiterfindens und –bindens nicht praktizieren. Sie müssen versuchen, die anderen oben behandelten Ansätze umso deutlicher in den Vordergrund zu stellen.

5. Positionsprofile in der TK-Branche

5.1 Frühzeitige Verantwortung

Im Folgenden wollen wir einige regelmäßig wiederkehrende Profilanforderungen beleuchten, die in den Positionsprofilen der TK-Branche regelmäßig und schwerpunktmäßig erscheinen und die insoweit auch die Profilanforderungen der TK-Branche von anderen Branchen, insbesondere der Old economy, unterscheiden. An fünf beispielhaften

Anforderungsprofilen verschiedener Positionen, die der Praxis3 entnommen sind, wird dies im Anschluss dokumentiert.

Die TK-Branche ist eine junge Branche, jung zumindest bezogen auf das Lebensalter der gesuchten Mitarbeiter. Für manche Berufsaufgaben in der TK-Industrie ist es schlüssig und verständlich, dass Bewerber und Kandidaten nach der Vorstellung der suchenden Unternehmen bei etwa 30 Lebensjahren sein sollten. Oft sind die Technologien, die Produkte und Dienstleistungen sehr jung und in ihrer Entwicklung extrem dynamisch, so dass die Vermutung zutreffend ist, dass ältere Mitarbeiter der Branche diese jungen Entwicklungen nicht mitvollzogen haben, in ihnen nicht aus- und weitergebildet worden sind.

Richtig ist auch, wir sagten es bereits, dass die Knappheit auf dem Arbeitsmarkt bereits 30-Jährige in Führungspositionen gebracht hat, so dass auch für das erfolgreiche Ausfüllen einer Führungsposition nicht unbedingt ein höheres Lebensalter gefordert wird.

So verständlich es angesichts der Knappheit auf dem Arbeitsmarkt ist, auch bereits junge Kandidaten für verantwortungsvolle Aufgaben im Fach- und Führungsbereich zu suchen, so unverständlich ist auf der anderen Seite, ältere, erfahrene Mitarbeiter allzu früh von solchen Positionen auszuschließen. 40-Jährige oder auch dynamisch und elastisch gebliebene 50-Jährige von neuen Positionen auszuschließen, sie für neue Aufgaben nicht zu akzeptieren, bedeutet in unseren Augen oft eine Verschwendung vorhandener Ressourcen und eine Mißachtung der Erfolgskomponente „Erfahrung". Dabei zählen Alter, Seniorität und Erfahrung für viele Aufgabenbereiche eher als positiv; so für administrative Aufgaben, oft für Vertriebsaufgaben, für Führungsaufgaben eigentlich regelmäßig.

5.2 Projektarbeit, Team- und Kommunikationsfähigkeit

Viele Telekommunikationsunternehmen haben Abschied genommen von althergebrachten Unternehmensstrukturen, von Unterteilungen in Bereiche, Hauptabteilung, Abteilung, Gruppe usw. und statt dessen flache Hierarchien und eine Projektorganisation eingeführt. Geeignete Mitarbeiter für Projektorganisationen unterscheiden sich wesentlich von Mitarbeitern für tradierte Organisationsformen. Sie müssen bereit sein, in unterschiedlichen Projekten, teils konsekutiv, teils parallel nebeneinander zu arbeiten, ihnen wird frühzeitig Verantwortung, Teilprojektverantwortung oder sogar Projektverantwortung übertragen. Sie lernen innerhalb des Projektteams, eigene Positionen zu vertreten, andere Positionen zu akzeptieren und als Team den Projekterfolg zu bewirken; sie lernen in hohem Maße zu kommunizieren, sowohl innerhalb des Projektteams als auch mit den

---

3 Die Profilanforderungen stammen aus der Praxis von a_priori international AG, der marktführenden Personalberatung in der TIMES-Branche

Mitgliedern von Projektteams, die Schnittstellen zum eigenen Projektteam bilden. All dies erfordert von den Mitarbeitern Flexibilität, Verantwortungsbereitschaft, Team- und Kommunikationsfähigkeit.

5.3 Flexibilität

Flexibilität ist ein weiteres Stichwort: TK- Unternehmen im Wettbewerb ändern ihre strategische Ausrichtung in großer Geschwindigkeit. Sie verfolgen als Einfluss neuer Technologien und in der Auswirkung auf Wettbewerbsverhältnisse neue Geschäftsfelder, geben alte ab, erwerben Beteiligungen, fusionieren usw.. Dies hat selbstverständlich fast immer Auswirkungen auf die Inhalte der einzelnen Arbeitsplätze; Mitarbeiter müssen bereit sein, für neue Aufgaben eingesetzt zu werden.

5.4 Mobilität

Damit einher geht auch regelmäßig die grundsätzliche Bereitschaft zur regionalen Mobilität. Im der TK-Industrie kann niemand erwarten, dass sich sein Arbeitsplatz langfristig am Standort befinden wird, an dem er begonnen hat. Die Bereitschaft zu Geschäftsreisen muss selbstverständlich vorhanden sein; darüber hinaus müssen Mitarbeiter auch damit rechnen – und sie können es unter Beachtung ihrer Karriere nur schwer mehrmals ablehnen, dass sie in einer Niederlassung, in einem Beteiligungsunternehmen oder an einem anderen Standort eingesetzt werden.

Dieses Erfordernis der regionalen Mobilität stößt in der Praxis auf heftige Widerstände. Personalberater wissen, wie schwierig es ist, Kandidaten von A nach B zum Wohnungswechsel zu bewegen. Der mitarbeitende Lebenspartner, schulpflichtige Kinder, enge Einbindung in ein familiäres und soziales Umfeld stehen der Notwendigkeit zur Mobilität entgegen. Manche berufliche Chance kann nicht realisiert werden, weil Mobilität nicht gegeben ist; manche Partnerschaft und Familie bricht auseinander, weil ein Partner der beruflichen Karriere den Vorrang gab und dem Mobilitätserfordernis entsprach.

5.5 Fremdsprachen und Auslandserfahrung

Englisch ist die Umgangs- und Pflichtsprache der Telekommunikations- und der IT-Branche. Dies war vor etwa zehn Jahren, am Beginn der Liberalisierung, noch nicht in dem Ausmaße der Fall. Seitdem mit der GSM-Technologie ein Weltstandard entstanden ist, gibt es aber einen breiten Wissens- und Erfahrungsaustausch, der sowohl in der Literatur als auch in Kongressen und Messen Englisch als Business-Sprache einsetzt. Hinzu kommt natürlich die international gewordene Anbieter- und Anwenderszene. Die Player der TK-Industrie sowohl auf der Netzbetreiberebene als auch bei den Herstellern von Infrastruktur und Geräten sind vielfach ausländische Unternehmen oder Unternehmen mit ausländischen Beteiligungen; vielfach sind auch die Kunden, die Anwender, international durchsetzt. Auch in diesem Umfeld hat sich Englisch als die Business-Sprache durchgesetzt.

Das bedeutet, dass heute nicht nur auf der Führungsebene Englisch als die gemeinsame Sprache der Branche zu verstehen ist, sondern längst auch auf der Mitarbeiterebene.

Zusätzlich zu Sprachkenntnissen werden heute Berufserfahrungen aus Auslandsaufenthalten außerordentlich geschätzt. Diese Auslandsaufenthalte können sowohl während des Studiums (Auslandssemester) als auch in der Form von Berufsstationen im Ausland stattgefunden haben. Abgesehen davon, dass sie der Festigung der Sprachkenntnisse gedient haben, sind Auslandsaufenthalte auch ein Beleg für Mobilität, Lernbereitschaft, kulturelle Offenheit.

5.6 Profilanforderungen am Beispiel

Einige beispielhafte Profilbeschreibungen von Positionen, mit deren Suche wir beauftragt waren, belegen diese Schwerpunktbildung.

**PROFILBESCHREIBUNGEN
für die Positionen**

**Produktmarketing Manager Intelligente Netze (IN)
Leiter IT/LAN**

UNTERNEHMEN
Unser Kunde ist ein junges expandierendes Telekommunikationsunternehmen und bewegt sich im Zukunftsmarkt der Telekommunikation. Seit Mai 1998 bietet das Unternehmen Privat- und Geschäftskunden ein leistungsstarkes Komplettangebot in den Kommunikationsbereichen Telefon, Datentransfer und Internet.

Als sogenannter Teilnehmernetzbetreiber kann es als einziges Unternehmen in der Region neben der Deutschen Telekom AG nicht nur Nah- und Ferngespräche, sondern insbesondere Ortsgespräche über das eigene, hochmoderne Glasfasernetz vermitteln.

Zu den angebotenen TK-Basisdiensten zählen neben der Sprach- und Datenvermittlung (local calls, long distance calls, international long distance calls, Frame relay, X.25) Datenübertragung/ Festverbindung, TK-Nebenstellenanlagen sowie Breitbandverteilnetze.

Mehrwertdienste wie Internet, Stadtinformationen, LAN-Verbindungen, Corporate Networks etc. runden das Portfolio ab.

POSITION
Produktmarketing Manager
Innerhalb der Marketingabteilung sind Sie verantwortlich für den erfolgreichen Lebenszyklus von Produkten und Dienstleistungen.

Die Schwerpunkte Ihrer Tätigkeit liegen im technischen Produktmarketing:

- Kreatives und konzeptionelles entwickeln von neuen Dienstleistungsprodukten und Erstellung der produktbezogenen Businesspläne
- Initiieren und verantworten der Produktentwicklungen
- Neu- und Weiterentwicklung von Strategien/Konzepten für die Vermarktung der entsprechenden Produktbereiche sowie deren markt- und kundenorientierte Umsetzung
- Beobachten und analysieren der Marktentwicklung

PROFIL
Sie verfügen über ein abgeschlossenes Studium der Nachrichtentechnik bzw. Ingenieurwissenschaften sowie über mindestens zwei bis drei Jahre Berufserfahrung im Produktmanagement in der TK-Branche. Fundierte Kenntnisse in den Bereichen Sprach- und Datenkommunikation sind unbedingt erforderlich, idealerweise verfügen Sie über Spezialkenntnisse in den Bereichen Intelligente Netze, Corporate Networks etc.

Sie sind teamorientiert, kommunikativ und aufgeschlossen in Ihrem Auftreten und zeichnen sich neben sehr guten EDV-Kenntnissen im Umfeld von MS-Office vor allem durch eine ausgeprägte Kompetenz hinsichtlich der technischen Problematik der Produkte/Dienste aus.

Gute englische Sprachkenntnisse sind unabdingbar.

POSITION
Leiter IT/LAN
Der Stelleninhaber leitet den Bereich IT/LAN und ist verantwortlich für die Sicherstellung der Betriebsbereitschaft aller IT-Systeme.

Die Schwerpunkte der Tätigkeiten sind:

- Koordination der Planung und des Ausbaus des firmeneigenen LAN für die Bereiche:
    - Bürokommunikation
    - Networkmanagement des TK Netzes

- Integration TKG relevanter Funktionalitäten
- Integration eines Customer Care und Billing Systems
- Integration eines Archivierungssystems
- Integration eines datenbankbasierten Dokumentationstools und GIS
* Sicherstellung der IT-Help-Desk-Funktionalität
* Koordination von DV-Projekten im Bereich DV-Anwendungsentwicklung:
  - Abgleich der Anforderungen der Fachabteilungen mit IT
  - Erarbeiten der Spezifikation
  - Termin- und kostengerechte Bereitstellung der Anwendungen
* Steuerung externer Dienstleister
* Mitarbeiterführung, Ausbau des Teams

PROFIL
Der geeignete Kandidat verfügt über ein abgeschlossenes Studium der Informatik oder vergleichbare Qualifikation.

Er hat Erfahrung in der Abwicklung von Software-Projekten und verfügt über analytisches und lösungsorientiertes Denkvermögen.

Darüber hinaus verfügt der Kandidat über Managementpotential, ist belastbar und integrativ.

Außerdem hat er sehr gute Kenntnisse in folgenden Bereichen:

- LAN-Topologien
- Client-Server-Architekturen
- UNIX
- Datenbanken (insbesondere Oracle)

Wünschenswert wären Kenntnisse in den Bereichen:

- Customer Care und Billing Systeme
- Oracle Applications
- Networkmanagementsysteme
- Archivierungssysteme

PROFILBESCHREIBUNGEN
für die Positionen

Vertriebsprofi Internet
Key Account Manager Vertrieb Handelspartner

UNTERNEHMEN

Unser Kunde ist eine der führenden unabhängigen Telekommunikationsgesellschaften in Europa. Das Unternehmen ist in 26 europäischen Metropolen in Großbritannien, Deutschland, den Niederlanden, Spanien, Frankreich, Belgien und Italien mit Telekommunikationsdiensten präsent. Das digitale Glasfasernetz des Unternehmens umspannt 31 Städte in acht europäischen Ländern. Ihr hochmodernes Optisches-Glasfaser-Netz erstreckt sich über 19 Großstädte in England, den Niederlanden, Spanien, Frankreich, Deutschland, Belgien, Italien und Irland. Unser Kunde bietet mittelständischen und großen Unternehmen maßgeschneiderte, preiswerte und qualitativ hochwertige Telekommunikationsdienstleistungen (national long distance und international). Seinen Mitarbeitern bietet unser Kunde aufgrund des starken Wachstums und Markterfolges ausgezeichnete Entwicklungsperspektiven – insbesondere im Internetbereich.

POSITION

Unser Kunde sucht **Vertriebsprofis Internet**. Das Produktportfolio umfaßt derzeit:

- Direct Internet Access
- Lan on Demand
- Web Hosting
- IT/IP Security
- M-Commerce
- Konvergente Server

Aufgabe:

- Identifikation möglicher Großkunden
- Akquisition, Betreuung und Ausbau der Accounts

PROFIL

Der geeignete Kandidat verfügt über ein wirtschaftswissenschaftliches Studium, Zusatzausbildung oder kfm. Lehre mit entsprechender Berufserfahrung.

Er hat mindestens drei Jahre Berufserfahrung im Vertrieb, möglichst im internetnahen Bereich: Direktvertrieb, Produktmarketing oder Partnergeschäft.

Prozessmanagementerfahrung und Prozess-Know-how sind Musskriterium.

Persönliches Anforderungsprofil
Kreativ und innovativ, konzeptionelle Stärke in Verbindung mit zupackender Umsetzungsstärke, flexibel, engagiert, teamorientiert, durchsetzungsstark, aufgeschlossen, kommunikativ. **Alter**: 30 bis 45

Fremdsprachen, sonstige Kenntnisse
Mindestens mäßige Englischkenntnisse sind ebenso erforderlich wie gute Kenntnisse in MS-Office

POSITION
Unser Kunde sucht einen Account Manager/Key Account Manager Vertrieb Privatkunden – Handelspartner

Aufgabe:

- Aufbauarbeit in einem bislang auf den Geschäftskunden ausgerichteten erfolgreichen Telekommunikationsunternehmen
- Identifikation von Handelspartnern für den Massenmarkt
- Konzeption von Vermarktungsaktivitäten
- Akquisition, Betreuung und Entwicklung der Partner

Profil
Der geeignete Kandidat verfügt über ein wirtschaftswissenschaftliches Studium, Zusatzausbildung oder kfm. Lehre mit entsprechender Berufserfahrung.

Er hat mindestens drei Jahre Berufserfahrung im Direktvertrieb, Handelsvertrieb, Produktmarketing, oder Partnergeschäft in der IT oder TK, idealerweise für Massenmarktprodukte.

Fremdsprachen, sonstige Kenntnisse:
Für Key Account Manager sind Projektmanagement-Erfahrung und Prozess-Know-how ein Musskriterium.

Sehr gute Englischkenntnisse sind ebenso erforderlich wie gute MS Office-Kenntnisse.

Persönliches Anforderungsprofil:
Kreativ und innovativ, konzeptionelle Stärke in Verbindung mit zupackender Umsetzungsstärke, flexibel, engagiert, teamorientiert, durchsetzungsstark, aufgeschlossen, kommunikativ.

Kandidatenprofil

Geschäftsführer City Carrier
Der gesuchte Kandidat führt gemeinsam mit dem anderen Geschäftsführer das Unternehmen. Die Geschäftsführer berichten direkt an den Vorstand des Hauptgesellschafters.

Die Führungsebene unterhalb der Geschäftsführung besteht aus sechs Abteilungsleitern.

Die Mitarbeiterzahl, heute 30, wird bis zum Jahresende auf 40 wachsen. Heute ist keine klar abgegrenzte Ressortaufteilung auf die beiden Geschäftsführer gegeben, auch gegenüber und mit den Abteilungsleitern wird eher im Team gearbeitet. Mittelfristig, bei wachsender Mitarbeiterzahl, ist eine Ressortzuordnung durch die beiden Geschäftsführer zu erarbeiten und zu praktizieren.

Dabei scheint es sinnvoll, zur Ergänzung und zur Stärkung der Geschäftsführung bei dem neuen Geschäftsführer Arbeits- und Markterfahrung auf folgenden Gebieten vorauszusetzen:

- Telekommunikationsmarkt und -wettbewerb
- Telekommunikations-Technikentwicklung/Trends im Technologieeinsatz
- Telekommunikations-Diensteentwicklung/New Business Development

Im Persönlichkeitsprofil des gesuchten Kandidaten dominieren Eigenschaften wie Teamplayer, Teamleader, Motivationskraft, Harmonie-Orientierung, kommunikativ, fair, offen, geradeheraus, also akzeptierte „natürliche" Führungsautorität. Da der City Carrier noch für längere Zeit ein Start-up-Unternehmen und im Aufbruch und raschen Wachstum sein wird, ist es erforderlich, dass der gesuchte Kandidat in derartigen „Umweltbedingungen" in unscharfen und flexiblen Organisationsstrukturen effizient arbeiten kann.

Der gesuchte Kandidat bringt die Bereitschaft zu überdurchschnittlichem Engagement mit, er besitzt Neigung und Talent/Erfahrung auch zu repräsentativen Aufgaben, auch im Bereich Öffentlichkeitsarbeit/PR. Von seiner Persönlichkeit her muß er in der Lage sein, mit der Entscheiderebene bei Großkunden, Kooperationspartnern und Gesellschaftern umzugehen und auch internationale Kontakte zu pflegen. Das Alter des gesuchten Kandidaten liegt idealerweise zwischen 35 - 45 Jahren.

Das fachliche Profil verlangt einen Kandidaten, der bereits Führungserfahrung als Geschäftsführer oder als Bereichsleiter in der Linie mit größeren Einheiten mitbringt, vorzugsweise sollten diese Erfahrungen aus der TK-Industrie oder naheliegenden vergleichbaren Industrien stammen. Wegen der mittelfristig andauernden Aufbausituation sollte der Gesuchte Flexibilität und Kompromissfähigkeit mit Zielorientierung verbinden können. Vorteilhaft sind Großkundenerfahrungen mit Branchen wie Medien, Verkehr, Logistik und öffentlichen Unternehmen und Behörden (z. B. Krankenhäusern). Diese Erfahrungen sollten vorzugsweise im technikbasierten Problemlösungsbereich (lösungsorientierter Vertrieb) gewonnen worden sein.

Der gesuchte Kandidat verfügt vorteilhafterweise über einen Hochschul-/Fachhochschulabschluss als Wirtschaftsingenieur, Informatiker, Ingenieur der Nachrichtentechnik. Diplom-Kaufleute mit beruflicher Praxis im TK-Umfeld oder der Software-Industrie sind ebenfalls denkbar.

Wegen der Internationalität der Branche (Kunden, Veröffentlichungen, Kooperationspartner) ist die Beherrschung der englischen Sprache notwendig.

5.7 Fehler und Risiken

Bei der Darstellung der einzelnen Profilschwerpunkte haben wir bereits darauf hingewiesen, dass die Branche Telekommunikation den fachlichen und persönlichen Anforderungsprofilen andere Gewichte beimisst als die Old economy. Dabei kommt es oft zu unrealistischen Überbetonungen oder zu einer Aufzählung von Anforderungsprofilen, die in der Realität bei Kandidaten nicht anzutreffen ist. Die „30-jährige Führungskraft mit langjähriger Berufserfahrung" ist eben in der Praxis nicht auffindbar, genauso wenig der Produkt-Manager oder –Entwickler, der in allen Telekommunikations-Technologien gleichermaßen zu Hause ist.

Die Arbeitskräfteknappheit zwingt die Unternehmen vermehrt dazu, übersteigerte Profilanforderungen aufzugeben und Kompromisse einzugehen. Eine Aufteilung von Profilanforderungen in Muss- und Kann-Kriterien ist die praktische Antwort auf die Einsicht, dass der Idealkandidat für eine Position schwerlich zu finden ist.

6. Anreizsysteme

In den letzten Jahrzehnten sind in vielen Bereichen der Wirtschaft Anreiz- und Belohnungssysteme üblich geworden, mit denen Unternehmen Mitarbeiter zu besonderen Leistungen anspornen bzw. sie für besondere Leistungen belohnen.

Die Formen und Methoden derartiger Incentives sind außerordentlich vielfältig; verbreitet ist die Aufteilung des Einkommens in einen fixen und einen variablen Teil, wobei der variable Teil das Erreichen und Übertreffen individueller Ziele - oder auch von Gruppenzielen – belohnt. Besonders verbreitet ist die Aufteilung in fixes und variables Einkommen bei Vertriebspositionen. Hier werden in der TK-Branche Verteilungen von 70 % fix/ 30 % variabel oder auch 60 %/40% weitgehend praktiziert. Der variable Anteil wird dabei an der Zielerfüllung gemessen, die üblicherweise in Umsatz, Auftragseingang oder Deckungsbeitrag definiert sein kann. Je stärker die Vertriebsaufgabe in der Neukundenakquisition besteht, desto ausgeprägter ist üblicherweise der variable Anteil, je stärker die Vertriebsaufgabe in der Kundenbetreuung und in der Bestandskundenpflege besteht, desto geringer ist üblicherweise der variable Anteil.

Schwieriger – und daher nicht durchgehend praktiziert – ist die Ausrichtung eines variablen Einkommensanteils bei Berufen im Marketing, in der Technik und in der Administration. Aber auch hier nehmen immer mehr Unternehmen die Möglichkeit wahr, individuelle Ziele oder Gruppenziele zu definieren und Einkommensbestandteile variabel auszuloben.

Gegenüber diesen Zielvorgaben treten Unternehmensziele, z. B. Umsatzwachstum oder Gewinnentwicklung für die Bemessung von Incentives in den Hintergrund. Hier fehlt üblicherweise die Zurechenbarkeit des Ergebnisses auf die Leistung des einzelnen Mitarbeiters oder eines Teams; der Anreizcharakter einer solchen Incentive-Maßnahme ist daher fragwürdig.

Üblich geworden ist auch die Auslobung bestimmter Perioden- oder Aktionsziele; in der Telekommunikationswelt können dies z. B. das Erreichen bestimmter Teilnehmerzahlen, die Gewinnung einer bestimmten Anzahl Händlern, die Erfüllung oder zeitliche Unterschreitung von Netzausbauplänen, die Markteinführung von Dienstleistungen und Produkten o. ä. sein. Die für die Zielerreichung ausgelobten Incentives müssen dabei nicht unbedingt und immer der Form zusätzlichen Einkommens gewährt werden. Beliebt und in der Branche üblich sind Incentive-Veranstaltungen und –Reisen, Seminarteilnahmen mit Incentive-Charakter, seltener Sachgeschenke. Insoweit unterscheiden sich allerdings die Anreizsysteme, die die TK-Industrie praktiziert nicht von den Usancen anderer Branchen.

In einigen Start-ups in der TK-Branche werden in zunehmenden Maße exotisch anmutende Incentives angeboten, die aus der Start-up-typischen Zeitbeanspruchung der Mitarbeiter -Arbeitszeiten von 60 Stunden pro Woche sind nicht selten – sinnvoll sind. So erklären sich der Wäscheservice und der Einkaufsservice damit, dass Mitarbeiter keine Zeit für die Einkäufe des täglichen privaten Bedarfs haben; Ähnliches gilt für den Friseur-Service. Mit dem Massage-Service wird Verspannungen entgegengewirkt, die stundenlange Bildschirmarbeit bewirken kann; Sprachkurse unterbrechen die Tagesroutine und bessern die Fremdsprachenkenntnisse der Mitarbeiter.

7. Zusammenfassung und Ausblick

Der TK-Arbeitsmarkt ist in Deutschland und international durch eine langjährige Arbeitskräfteknappheit geprägt.

Die Arbeitskräfteknappheit wirkt sich als Wachstumsbremse und als Risiko für die Erfüllung der Business Pläne von Telekommunikationsunternehmen aus.

Mit dem Einsatz von Personalmarketing versuchen Unternehmen und in ihrem Auftrag Personalberater der Knappheit entgegenzuwirken und in einem weitgehend leergefegten Arbeitsmarkt dennoch geeignete Arbeitskräfte zu finden.
Dazu werden zwar auch die herkömmlichen Methoden der Mitarbeiterakquisition eingesetzt, immer mehr und erfolgversprechender setzen Unternehmen und Personalberater

jedoch innovative Ansätze wie Online-Jobbörsen, Direct search und Hochschulmarketing ein.

Angesichts der unverzichtbaren Bedeutung vorhandener Mitarbeiter für die Erfüllung von Geschäftsplänen und der hohen Akquisitionskosten für neue Mitarbeiter setzen Unternehmen der TK-Branche verstärkt Maßnahmen zur Mitarbeiterbindung ein.

Die Profilanforderungen für Fach- und Führungskräfte in der TK-Branche unterscheiden sich deutlich von denen in der Old economy. Die Branche sucht den jungen, mobilen, international ausgerichteten, kommunikativen Kandidaten. Überlastete Anforderungsprofile reduzieren die Chancen, Mitarbeiter zu finden, Kompromisse sind notwendig.

Ähnlich wie in anderen Branchen setzt auch die Telekommunikationsindustrie Anreiz- und Belohnungssysteme ein, um individuelle oder Teamleistungen anzuregen und zu belohnen.

Der anhaltende Branchenboom – national wie international – wird diese Entwicklungen noch für viele weitere Jahre andauern lassen.

Pionier-Lösungen für die Telekommunikation

- Markt und Wettbewerbsanalysen
- Strategieentwicklung
- Optimierung des Marketingmix
- m-commerce Konzepte
- Produktmanagement
- CRM-Implementierung

Seit unserer Unternehmensgründung im Jahre 1993 sind wir Beratungspartner des Managements führender Telekommunikationsunternehmen in Deutschland.

Dabei ist unser zentrales Ziel, die Effizienz und Wettbewerbsfähigkeit der von uns beratenen Unternehmen messbar zu verbessern.

Mit dem ganzheitlichen Ansatz des Begriffs Marketing - nämlich der konsequenten Ausrichtung wirklich aller Unternehmensaktivitäten auf die Bedürfnisse des Marktes - führen wir unsere Projekte von der Marktanalyse über die Entwicklung einer maßgeschneiderten Lösung mit detailliertem Aktionsplan weiter in die Umsetzung vor Ort.

Damit übernehmen wir die operative Verantwortung für das Ergebnis unserer Arbeit in besonderem Maß.

Sprechen Sie uns an.

Management Consulting Group

MCN Management Consulting Group GmbH
Gartenstrasse 23
61352 Bad Homburg v.d.H.
Tel. +49 (0) 6172. 90 30-0
Fax: +49 (0) 6172. 90 30-39
Web: http://www.mcn.de
eMail: mail@mcn.de

Differenzierung und Nischenstrategien im Telekommunikationsmarkt

Jürgen Schulz

---

1 Einleitung

2 Wettbewerbsstrategien
    2.1   Kostenführerschaft
    2.2   Differenzierung als Wettbewerbsstrategie
    2.3   Nischenstrategien

3 Differenzierungsansätze im TK-Wettbewerb
    3.1   Marktteilnehmer
            3.1.1   Infrastruktur der Marktteilnehmer
            3.1.2   Erscheinungsbild im Endkundenmarkt
    3.2   Chancen der Marktteilnehmer im Wettbewerb
            3.2.1   Wettbewerb im Gesamtmarkt
            3.2.2   Wettbewerb in Nischenmärkten

4 Beispiele für Differenzierung im Gesamtmarkt
    4.1   o.tel.o: Produkt- und Imagespezialist
    4.2   One-Stop-Shopping und Produktbündelung

5 Beispiele für Nischenanbieter
    5.1   Reseller im SOHO/SME-Markt
    5.2   Vorausbezahlte Telekommunikationsdienstleistungen
            5.2.1   Prepaid-Services im Mobilfunk
            5.2.2   Prepaid Preselection
            5.2.3   Prepaid Calling Cards
    5.3   Werbefinanzierte Telefonie
    5.4   Nischen im Carrier-Markt
    5.5   Iridium: Beispiel einer gescheiterten Nischenstrategie

6 Zusammenfassung

7 Literaturverweise

1. Einleitung

In den meisten Ländern der Erde wurde Telefonie – nicht zuletzt wegen der Wahrung des Fernmeldegeheimnisses sowie wegen der enormen erforderlichen Investitionen und der erheblichen Eingriffe in andere bestehende staatliche Infrastrukturen als hoheitliche Aufgabe angesehen. Die Liberalisierung der Telefoniemärkte bedeutet stets eine Abkehr von diesem Paradigma, und damit gleichzeitig die Zerschlagung des staatlichen Monopols und die Förderung von Wettbewerb.

Ein solcher Prozeß fand auch in Deutschland statt. Am Anfang der Liberalisierung der Festnetztelefonie in Deutschland am 1.1.1998 wurden alle privaten Anbieter geeint durch das Ziel, der Deutschen Telekom AG als bisherigem Monopolisten so schnell wie möglich große Anteile der besonders lukrativen Teilmärkte (Ferngespräche, Auslandsgespräche) streitig zu machen.

Dennoch erwuchs rasch ein – unterdessen existienziell gewordener – Wettbewerb zwischen den größten privaten Anbietern. Dieser wurde getrieben durch einen Wettbewerb auf Produktebene einerseits (Preselection oder Call-by-Call), andererseits durch einen Preiswettbewerb – zunächst und insbesondere im Call-by-Call Markt für nationale Ferngespräche. Schließlich stand von Anfang an für alle Herausforderer des Marktführers fest, daß ein Preisniveau „spürbar unterhalb dem bisher Üblichen" angeboten wird.

Knapp zwei Jahre nach der Liberalisierung des Telekommunikationsmarktes im Festnetz in Deutschland haben die Wettbewerber des einstigen Monopolisten Deutsche Telekom AG beeindruckende Erfolge vorzuweisen. Immerhin konnten sie bei Ferngesprächen[1] einen Marktanteil von über 40% erreichen.

Die Wahrnehmung der neuen Angebote durch den Kunden ist demgegenüber ernüchternd: Während die Anbieter von Produkt- und Tariffeuerwerken schwärmen, klagen Nutzer und Medien über einen „Tarifdschungel", über eine geringe Verfügbarkeit der Telefonleitungen, über falsche Abrechnungen und unzureichenden Kundenservice. Insbesondere Privatkunden sehen sich konfrontiert mit einer Vielzahl von Anbietern ohne deutliche Abgrenzung voneinander, mit austauschbaren Angeboten sowie teilweise verwirrenden Produktkonzepten ohne unmittelbar erkennbaren Vorteil.

Trotz enormer Bemühungen und Aufwendungen der großen privaten Anbieter ist es ihnen kaum gelungen, sich voneinander stark zu differenzieren. Bei der Sprachtelefonie im Festnetz handelt es sich nämlich um ein in hohem Maße austauschbares Produkt, das nur wenige Ansatzpunkte für eine Abgrenzung vom Produkt des Wettbewerbers bietet. Diese Situation führt schnell zu einem Preiskampf.

---

[1] Nationale Ferngespräche, Auslandsgespräche und Gespräche in die Mobilfunknetze

Bis heute ist der Wettbewerb in der Festnetztelefonie in Deutschland im Wesentlichen ein Preiswettbewerb geblieben, wie sich an der Existenz von Internetseiten wie teltarif oder billiger-telefonieren ebenso manifestiert wie in den regelmäßigen Publikationen der Tagespresse, die sich im Wesentlichen auf einen Tarifvergleich beschränken, bis hin zu den regelmäßigen Tarifvergleichen in Fachmagazinen. Kaum eine Zeitungsanzeige oder ein Fernsehspot eines Anbieters, bei dem nicht auch auf den günstigen Preis hingewiesen wird.

Dieser durch die privaten Telefongesellschaften selbst ausgelöste Preiswettbewerb hat die ersten Anbieter bereits scheitern lassen. Die Marktkonzentration auf der Anbieterseite nahm ihren Anfang bereits 1999 mit der Übernahme durch o.tel.o durch den Mannesmann-Konzern. Eine weitere Folge ist, daß der Markt für Festnetztelefonie, gemessen am Umsatz, inzwischen ein schrumpfender Markt ist, obgleich das jährliche Minutenvolumen weiterhin steigt. Das Umsatzwachstum im Telekommunikationsmarkt wird vielmehr getragen durch die wachsende Zahl von Mobilfunk- und Internetnutzern.

Trotzdem existiert im Telekommunikationsmarkt ein erhebliches Potential an Maßnahmen, die einen Anbieter und seinen Produkten ein markantes Gesicht in der Menge verleihen können. Der Schlüssel zum Erfolg liegt darin, dem Kunden einen besonderen Nutzen zu bieten, der über das einfache Telefonieren hinausgeht. Ein solches Vorgehen kommt insbesondere für Anbieter in Betracht, die sich auf kleine, attraktive Nischen konzentrieren und dadurch ihren Kunden besonders zugeschnittene und sogar individuelle Angebote unterbreiten können.

Der vorliegende Beitrag befaßt sich mit Möglichkeiten zur Differenzierung im Telekommunikationsmarkt im Allgemeinen und mit Angeboten für Marktnischen im Speziellen. Im folgenden Absatz werden die Grundlagen für Wettbewerbsstrategien branchenübergreifend dargestellt. Darauf folgt ein Abriß der Wettbewerbssituation im Telekommunikationsmarkt in Deutschland mit einer Bewertung der Chancen verschiedener Typen von Anbietern im Wettbewerb. In den darauf folgenden beiden Abschnitten werden konkrete Fallbeispiele diskutiert.

2. Wettbewerbsstrategien

Moderne Unternehmen richten ihre unternehmerischen Maßnahmen an ihrer marktorientierten Strategie aus. Dabei unterscheidet man grundsätzlich zwischen Strategien, die ihren Schwerpunkt auf den Kunden legen (abnehmerorientierte Strategien), und Strategien, die sich mit der Wettbewerbssituation des Unternehmens auseinandersetzen (Abb. 1). Es ist nur in seltenen Ausnahmefällen möglich, ausschließlich auf eine der beiden Basisstrategien zu setzen. Ein erfolgreiches Unternehmen wird sowohl den Kunden als auch die Wettbewerber aufmerksam beobachten. Trotzdem ist es hilfreich, beide Strategien separat zu betrachten.

```
┌─────────────────────────────────────────────────────────────┐
│                  Marketing-Basisstrategien                   │
│                                                              │
│  ┌──────────────────────────┐  ┌──────────────────────────┐ │
│  │ Abnehmerorientierte       │  │ Wettbewerbsorientierte   │ │
│  │ Strategien                │  │ Strategien               │ │
│  │ • Marktfeldstrategien     │  │ • Kostenführerschaft     │ │
│  │ • Marktstimulierungs-     │  │ • Differenzierung        │ │
│  │   strategien              │  │ • Nischenstrategien      │ │
│  │ • Marktparzellierungs-    │  │                          │ │
│  │   strategien              │  │                          │ │
│  │ • Marktarealstrategien    │  │                          │ │
│  └──────────────────────────┘  └──────────────────────────┘ │
└─────────────────────────────────────────────────────────────┘
```

Abbildung 1: Marketing-Basisstrategien

Empirische Untersuchungen zeigen, daß die Sicherung der Wettbewerbsfähigkeit zu den Unternehmenszielen mit der höchsten Priorität gehört und damit für die befragten Unternehmer sogar wichtiger ist als die langfristige Gewinnerzielung[2].

Dementsprechende Bedeutung kommt den wettbewerbsorientierten Unternehmensstrategien zu, die zur Umsetzung dieser Ziele dienen. Zu der Frage nach dem Umgang mit Wettbewerbern gibt es drei wesentliche Wettbewerbsstrategien[3]:

- Kostenführerschaft
- Differenzierung
- Nischenstrategien

Tatsächlich zeigt die Erfahrung, daß keine dieser Strategien in ihrer reinen Ausprägung vorkommt, sondern daß nur Mischformen erfolgreich sind. Dieser Sachverhalt wird in den folgenden Absätzen weiter erläutert. Dabei sollen die typischen Charakteristika der einzelnen Strategien dargestellt werden.

2.1 Kostenführerschaft

Kostenführerschaft hat man erreicht, wenn kein Wettbewerber in der Lage ist, ein vergleichbares Leistungsangebot ebenso kostengünstig zu produzieren wie man selbst. Die Folge ist, daß gegenüber den Wettbewerbern stets ein Ertragsvorteil gegeben ist. Kostenführerschaft kann z.B. beruhen auf einem exklusiven Zugang zu Rohstoffen, auf einem

---

[2] Becker, 1998, S. 16; Fritz, v.d. Oelsnitz, 1996, S. 17
[3] Porter, 1999

Technologievorsprung, der besonders günstige Produktionsbedingungen schafft, oder auf einem für Produktion oder Distribution besonders günstigen Standort.

Der Erfolg dieser Strategie hängt davon ab, in welcher Weise der Kostenvorteil genutzt wird. Der Kostenführer der Branche kann zwei Wege beschreiten:

- Er bietet eine vergleichbare Leistung preisgünstiger an als seine Wettbewerber und übernimmt damit zugleich die Preisführerschaft. Damit nutzt er also den Kostenvorteil, um daraus ein Differenzierungskriterium, nämlich den Preis, abzuleiten.
- Er erzielt bei gleichem Preis für vergleichbare Leistung ein besseres Ergebnis als seine Wettbewerber. Voraussetzung hierfür ist, daß der Kostenführerschaft eine geeignete Differenzierungsstrategie zur Seite gestellt wird, um überhaupt einen Absatz zu generieren.

In einer Branche kann es höchstens einen Kostenführer geben, niemals mehrere. Eine Wettbewerbsstrategie, die ausschließlich auf Kostenführerschaft beruht, ist also nur in seltenen Fällen möglich. Fast immer trifft man diese Strategie in Kombination mit einer anderen Strategie an.

2.2 Differenzierung als Wettbewerbsstrategie

Differenzierung stellt die zweite bedeutende Wettbewerbsstrategie dar. Die Begriffe „Differenzierung" und „Wettbewerb" sind naturgemäß eng miteinander verknüpft, denn Differenzierung – also Unterscheidung – setzt die Existenz eines oder mehrerer anderer Unternehmen voraus, von denen ein Unternehmen sich unterscheiden kann. Das Vorhandensein anderer Unternehmen (Wettbewerber) in der gleichen Branche führt zwangsläufig zu Wettbewerb.

Differenzierung als Wettbewerbsstrategie ist gekennzeichnet durch folgende Charakteristik:

- Ein Unternehmen stellt dem Markt ein einzigartiges Angebot zur Verfügung.
- Das Angebot führt zur Befriedigung von bestehenden Abnehmerbedürfnissen.
- Die Einzigartigkeit basiert auf Faktoren, die für Wettbewerber schwer nachzuahmen sind.
- Die Kosten der Einzigartigkeit werden durch entsprechende Vorteile überkompensiert.

Differenzierung durch Einzigartigkeit ist um so wichtiger, je mehr Anbieter vergleichbarer Produkte in der Branche existieren. Voraussetzung für den Erfolg der Strategie ist in jedem Fall, daß diese Einzigartigkeit dem Abnehmer einen Vorteil verspricht. Die Einzigartigkeit eines Angebotes kann durch jede Eigenschaft eines Produktes oder einer

Dienstleistung erreicht werden. Die Vorteile für den Abnehmer können sich daher durch einen objektiven, materiellen Nutzen auswirken, wie z.B. eine Geld- oder Zeitersparnis oder einen Gewinn an Bequemlichkeit. Als Beispiel sei die Einführung von komfortablen Telefonen mit Wahlwiederholung und Rufnummernspeicher genannt.

Im Geschäftskundenbereich kann der Nutzen darin bestehen, daß die angebotene Leistung wiederum die Wettbewerbsfähigkeit des Abnehmers steigert, indem sie seine Kosten senkt oder sein Leistungsangebot erweitert. Einen solchen Nutzen kann zum Beispiel ein Call-Center bieten, dessen besonderes Leistungsangebot darin besteht, seine Verfügbarkeitszeiten an die Bedürfnisse der Endkunden anzupassen.

Andererseits kann die Einzigartigkeit auch eine subjektive und immaterielle Attraktivität für den Abnehmer hervorrufen, z.B. durch ein passendes Image, wie es durch eine luxuriöse Armbanduhr oder ein funktionenreiches Mobiltelefon bieten kann.

Häufig zeichnet sich das Leistungsangebot eines Anbieters dadurch aus, daß dem Abnehmer über den eigentlichen Nutzen des Produktes oder der Dienstleistung hinaus ein Zusatznutzen oder bei Bündelung mehrerer Leistungsangebote auch ein Mehrfachnutzen entsteht, den vergleichbare Angebote der Wettbewerber nicht bieten.

Welche spezifischen Eigenschaften muß ein Unternehmen aufweisen, um sich erfolgreich differenzieren zu können? Die möglichen Faktoren im Unternehmen sind ebenso vielfältig wie die Auswirkungen auf den Abnehmer, denn:

> Die Grundlage für eine erfolgreiche Differenzierung kann potentiell an jeder Stelle des Unternehmens – überall zwischen Forschung und Entwicklung, Operationen, Logistik, Marketing, Vertrieb, Service, Recht, Personal etc. - liegen.

Die Aufgabe des Unternehmens besteht darin, diese einmaligen Stellen im Unternehmen zu erkennen und in eine Produktpolitik umzusetzen. Je weniger Stellen im Unternehmen die Quellen der Differenzierung darstellen, um so höher ist das Unternehmen spezialisiert: Gilt ein Unternehmen als Spezialist für bestimmte Qualitäten im Leistungsangebot, so ist ein Weg für eine erfolgreiche Differenzierung gefunden.

Gerade das Gegenteil von Spezialisierung, also Generalisierung, kann ebenfalls als Differenzierungsgrundlage gelten, wenn also der Anbieter als einziger der Branche ein Komplettangebot oder Vollsortiment bietet. Demnach können also auch Einflußfaktoren, die den einzelnen Unternehmensbereichen übergreifend sind, Grundlage für die Einzigartigkeit sein, nämlich[4]:

- Unternehmenspolitische Entscheidungen

---

[4] vgl. Porter, 1999, 173ff

- Verknüpfungen innerhalb der Wertschöpfungskette
- Zeitwahl, Standort
- Lernen und dessen Verbreitung
- Integration
- Unternehmens- bzw. Betriebsgröße
- Außerbetriebliche Faktoren, wie rechtliche Rahmenbedingungen

Welchen Nutzen hat die Differenzierungsstrategie für den Anbieter? Aus seiner Sicht kann eine erfolgreiche Differenzierung zu verschiedenen vorteilhaften Effekten führen. Es liegt auf der Hand, daß die Abnehmer höhere Preise akzeptieren bzw. daß bei vergleichbaren Preisen höhere Absatzmengen erreicht werden. Der Anbieter kann aber auch Effekte anstreben, die schwerer meßbar sind. So kann die Differenzierung genutzt werden, um eine Signalwirkung auf dem Markt zu erzielen und zusätzliche Marktanteile zu gewinnen. Danach läßt sich oft über die gleiche Art der Differenzierung eine Kundenbindung erreichen und die Nachhaltigkeit der Umsatzerlöse zu verlängern.

Wenn ein Unternehmen auf eine Differenzierungsstrategie setzt, muß es höchsten Wert darauf legen, den durch die Einzigartigkeit generierten Wert für den Kunden dem potentiellen Abnehmer deutlich zu machen. Man spricht in diesem Zusammenhang von Wertsignalen, die gesetzt werden müssen. Dieser Forderung liegt die Erkenntnis zugrunde, dass Kaufentscheidungen letztlich nicht von Haushalten bzw. Organisationen getroffen werden, sondern von Menschen, die nicht nur auf Nutzungskriterien reagieren, sondern auch auf Signalkriterien, wie etwa den Ruf des Anbieters oder Empfehlungen anderer Menschen aus dem sozialen Umfeld. Wertsignale werden im wesentlichen gesetzt durch kommunikationspolitische Maßnahmen wie Werbung und produktpolitische Maßnahmen, so etwa die Markierung und Verpackung.

2.3 Nischenstrategien

Wenn man den Begriff des Marktes reduziert auf das Wechselspiel von Angebot, Nachfrage und Wettbewerb, so ist es folgerichtig, daß ein Unternehmen sein eigenes Angebot sowohl nach abnehmerorientierten als auch nach wettbewerbsorientierten Strategien ausrichtet.

Jedes Unternehmen – gleich welcher Branche es angehört - muß sich also mit zwei essentiellen Fragen befassen:

- In welcher Weise stellen wir uns dem Wettbewerb?
- Welche Kunden werden von uns bedient?

Zwei Ansätze zur Beantwortung der ersten Frage wurden in den vorangegangenen Abschnitten bereits gegeben. Allerdings kann eine rein konkurrenzorientierte Unternehmensstrategie nicht zum gewünschten Erfolg führen, läßt sie doch die Abnehmerseite des Marktes zu stark außer Acht. Dies haben auch viele Unternehmen erkannt, wie eine branchenübergreifende empirische Umfrage5 zeigt. Demnach steht in der Bewertungsreihenfolge der Unternehmensziele die Kundenzufriedenheit knapp vor der Sicherung der Wettbewerbsfähigkeit und der Sicherung des Unternehmensbestandes. Eine neuere Umfrage unter Managern der Telekommunikationsbranche6 weist die Kundenbindung als die stärkste Herausforderung für das Unternehmen aus.

Daraus läßt sich schließen, daß Kundenorientierung in modernen Unternehmen als übergeordnetes Ziel begriffen wird: Wenn die Kundenzufriedenheit und Kundenbindung sichergestellt sind, lassen sich alle kommerziellen Ziele ebenfalls erreichen.

Damit rückt also der Kunde mehr und mehr in den Mittelpunkt. An welche Kunden richtet sich das Leistungsangebot eines Unternehmens? Die Befassung mit dieser Frage berührt die sogenannte Marktparzellierungsstrategie (vgl. Abb 1) des Unternehmens. Eine systematische Betrachtung dieser Frage führt schnell dazu, die Gesamtheit aller Kunden der betroffenen Branche in Gruppen – in die Marktsegmente – einzuteilen. Für diesen als Segmentierung bezeichneten Prozeß gilt folgendes Verständnis:

> Segmentierung ist die Einteilung eines heterogenen Marktes in homogene Teilmärkte, die sogenannten Kundensegmente oder Zielgruppen.

Kriterien für die Identifikation und Abgrenzung der Segmente werden so gewählt, daß alle Kunden innerhalb des Segmentes mit einem einheitlichen Bedarfsprofil beschrieben werden können und dann

- mit dem Leistungsangebot des Unternehmens optimal bedient werden und
- mit einem einheitlichen Marketing-Mix erreicht werden können.

Die Frage nach den Zielsegmenten eines Unternehmens und der daraus folgenden Ausrichtung des Leistungsangebotes hat einen grundlegenden Charakter und geht einher mit den Fragen nach der Mission und Vision7 des Unternehmens, von seinen konkreten Zielen und seinen Kernkompetenzen. Die Gestaltung des Marketing-Mix, also der konkreten absatzpolitischen Instrumente des Unternehmens, ist die Auswirkung der zur Erreichung der Ziele eingeschlagenen Strategien.

---

5 Fritz, v.d. Oelsnitz, 1996, S. 17
6 Mummert + Partner, TELCO Trend 2000
7 Die Mission eines Unternehmens stellt die Frage nach dem Unternehmenszweck und liefert Antworten auf Fragen wie: „Was sind wir, warum existieren wir, wofür stehen wir, woran glauben wir?". Die Vision ist gekennzeichnet durch Fragen wie: „Wo müssen wir hin, wie müssen wir uns weiterentwickeln, wie können wir Existenz und Wachstum sichern, wovon träumen wir?", vgl. Becker, 1998, 43-46

In Konsumgütermärkten werden häufig die folgenden Segmentierungs-Kriterien[8] angewendet:

- Soziodemographische Kriterien (z.B. Alter, Geschlecht, Einkommen, Beruf)
- Psychographische Kriterien (z.B. Werte, Aktivitäten, Interessen, Risikofreudigkeit)
- Kaufverhaltensbezogene Kriterien (z.B. Wahl von Preisklassen, Markenbewußtsein)

Die Ansätze zur Segmentierung von Business-to-Business-Märkten sind weitaus vielschichtiger, denn sie hängen ab von der Branche der Abnehmer (die im Allgemeinen mit der Branche des Lieferanten nicht übereinstimmt), von den Segmenten in dem Markt, den der Abnehmer bedient und von der Wettbewerbsstrategie des Abnehmers in seinem Markt.

Wie lassen sich Marktnischen in die beschriebene Systematik einordnen? Ganz allgemein gilt:

Marktnischen sind eine spezielle Form von Marktsegmenten.

Die wesentliche Charakteristikum einer Marktnische ist ihre geringe Größe im Vergleich zum Gesamtmarkt. Das zweite Charakteristikum besteht in ihrer Position zu den Marktsegmenten der Branche. Sie können am Rand eines Segmentes oder zwischen zwei Segmenten liegen, die Schnittmenge von zwei Segmenten bilden oder Vertreter zweier Segmente einschließen.

Marktnischen können kleine Teilsegmente größerer Marktsegmente sein. Das Teilsegment wird man um so mehr als Nische betrachten, als es sich von den typischen Vertretern des Marktsegmentes unterscheidet. So ist zum Beispiel der Nischenmarkt für Sportwagen ein Teilmarkt des Marktes für Personenkraftwagen.

Für eine Nische kann ebenfalls charakteristisch sein, daß sie keinem größeren Segment eindeutig zugeordnet werden kann. In der Automobilbranche sind Geländewagen ein Beispiel hierfür: Sie sind einerseits Personenkraftwagen, andererseits auch Nutzfahrzeuge, werden aber keinem der beiden Segmente wirklich zugeordnet, sondern liegen zwischen zwei Segmenten.

In anderen Branchen gibt es auch Beispiele für Nischen, die tatsächlich zu zwei Segmenten gehören. In der Telekommunikationsbranche unterscheidet man die Segmente Privatkunden und Geschäftskunden. Darüber hinaus beobachtet man die Bildung ethni-

---

[8] Diesen traditionellen Kriterien haftet der Nachteil an, häufig gar nicht zu den echten Segmenten (bezogen auf den Gesamtmarkt einer Branche) zu führen. Daher rücken auch mehr Kriterien in den Vordergrund, die sich stärker an der Produktnutzung orientieren.

scher Gruppen, wie z.B. die in Deutschland lebenden Inder. Diese Gruppe hat sowohl Mitglieder im Privatkundenmarkt als auch im Geschäftskundenmarkt.

Kennzeichnend für eine Marktnische ist außerdem, daß die dort aktiven Anbieter sich durch eine Spezialisierung auf diese Nische auszeichnen und auf dem Gesamtmarkt häufig gar nicht auftreten. Anbieter, die den Gesamtmarkt bedienen, können meist für Nischenmärkte keine optimalen Leistungsangebote unterbreiten, weil sie sich gerade auf ein breites Leistungsspektrum spezialisiert haben. *Nischenstrategien* sind also häufig Strategien der *Konzentration* (oder *Fokussierung*, daher auch: Fokussierungsstrategie) auf Marktnischen.

Wie lassen sich Nischenstrategien in die Systematik aus wettbewerbsorientierten und abnehmerorientierten Strategien einfügen? Ein Unternehmen, das bestimmte Nischen aus dem Markt herausgreift, um dort ein besonders attraktives Leistungsangebot zu unterbreiten, weicht damit dem Wettbewerb in seiner Branche aus. Man stellt also fest:

> Eine Nischenstrategie ist zugleich eine wettbewerbsorientierte und abnehmerorientierte Strategie.

Nur wenige Marktnischen sind tatsächlich frei von innerem Wettbewerb. Diese Situation trifft man nur an, wenn eine Nische genügend Raum für nur ein Unternehmen bietet. Ist diese Nische einmal erfolgreich besetzt, so besteht eine hohe Eintrittsbarriere für andere. Eine solche Situation bietet allerdings auch hohe Risiken: Derart spezielle Marktnischen sind oft dadurch gekennzeichnet, daß auch die Anzahl der Abnehmer sehr gering ist. Insbesondere im Business-to-Business-Bereich hängt dann der Erfolg des Nischenanbieters vom Unternehmenserfolg eines einzelnen anderen Unternehmens ab.

Wettbewerbsvorteile innerhalb der Nische können wiederum sowohl durch Differenzierungs- als auch Kostenführerschaftsstrategien erreicht werden. Häufig schlagen Unternehmen eine Nischenstrategie ein, weil sie gerade für diese Nische besonders kostengünstig produzieren können. Daher findet man Kostenführerschaft als Wettbewerbsstrategie innerhalb von Marktnischen weitaus häufiger als in größeren Märkten. Dies ist aufgrund der geringen Anzahl von Anbietern innerhalb der Nische auch leichter erreichbar und wesentlich länger aufrecht zu erhalten, weil gleichzeitig der Preiswettbewerb schwächer ausgeprägt ist.

Das Wachstum einer Marktnische ist im allgemeinen nicht aus dem Branchenwachstum ableitbar:

- Nischen können weitaus schneller wachsen als der Gesamtmarkt. Der Nischenanbieter kann dann mit einem schnellen Wachstum seines Unternehmens rechnen. Allerdings wird das Nischenwachstum andere Anbieter in die Nischen eindringen lassen. Man muß sich auf starken Wettbewerb einstellen und eine effektive Wettbewerbsstrategie anwenden.

- Wenn die Größe einer Nische sich nicht verändert (etwa aufgrund regulatorischer Vorgaben oder sonstiger äußerer Umstände), so ist sie wenig attraktiv für Wettbewerber. Trotzdem kann ein Anbieter in dieser Nische sehr erfolgreich sein. Zur Sicherung des eigenen Wachstums muß der Nischenanbieter sich andere Segmente erschließen.

Eine wesentliche Frage betrifft die Nachhaltigkeit des Erfolges innerhalb einer Marktnische. Ebenso, wie es für die Entstehung einer Nische unterschiedlichste Gründe geben kann, kann sie auch unerwartet ihre Attraktivität verlieren. Die Nische kann entweder durch Schrumpfung verschwinden, oder aber – durch schnelles Wachstum – zu einem Marktsegment werden, das nicht mehr die typischen Merkmale einer Marktnische besitzt. Insbesondere besteht das Risiko, daß dann die jeweilige Spezialisierung des Nischenanbieters keinen Vorteil mehr bedeutet.

Ein Marktsegment kann auch gerade durch seine Kurzlebigkeit zur Nische werden. Die Stärke des Nischenanbieters muß es dann sein, die Nische sehr schnell zu besetzen. Einen großen Vorteil hat ein Anbieter, der die erforderlichen Produktionsmittel leicht aus vorhandenen ableiten kann und so mit geringen Investitionen immer wieder neue Nischen erschließen kann.

3. Differenzierungsansätze im TK-Wettbewerb

3.1 Marktteilnehmer

In Deutschland sind derzeit rund 180 Anbieter von Sprachtelefonie aktiv. Darunter sind etwa 150 im Festnetz, die übrigen im Mobilfunk tätig.

Während die Zahl der Mobilfunknetzbetreiber bei vier stagniert, ist die Zahl der Festnetzbetreiber auf über 90 gestiegen. Die übrigen Unternehmen betätigen sich als Service Provider oder Reseller.

Eine Erläuterung der Typologie der Anbieter zeigt die Abbildung 2. Dort sind die verschiedenen Anbietertypen klassifiziert nach der Infrastruktur, die sie betreiben, und ihrem Auftreten im Endkundenmarkt.

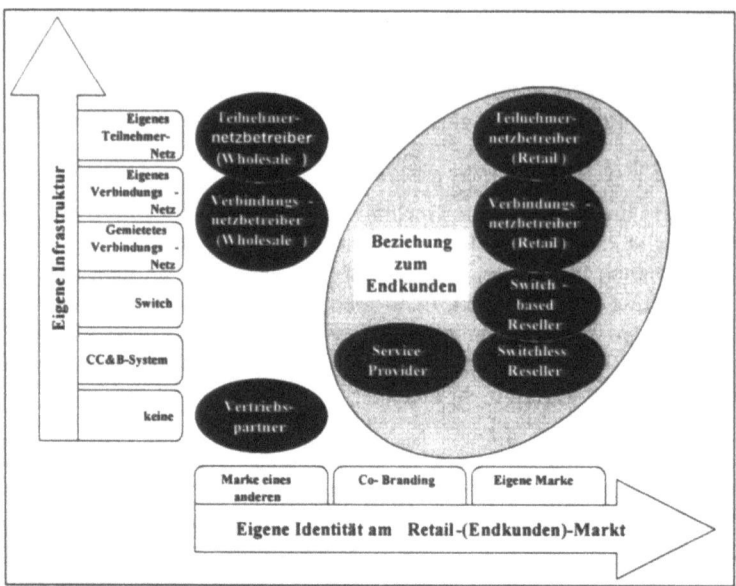

Abbildung 2: Anbieter auf dem Telekommunikationsmarkt

3.1.1 Infrastruktur der Marktteilnehmer

Als eigene Infrastruktur wird bereits ein eigenes Kundenverwaltung- und Abrechnungssystem (Customer Care & Billing) angesehen, wie es sogenannte Service Provider und Switchless Reseller betreiben.

Service Provider bieten die Dienstleistungen und Produkte von Netzbetreibern an, die ihrerseits diese Produkte auch selbst anbieten. Die Netzbetreiber arbeiten mit Service Providern, um ihre Marktpräsenz durch Marketing und Vertrieb schnell aufzubauen und sich so früh Marktanteile zu sichern. Service Provider sind insbesondere aus dem Mobilfunk bekannt und bieten die Produkte stets im Co-Branding an, d.h. das Produkt trägt sowohl die Markierung des Service Providers als auch des Netzbetreibers. Ein Unterschied zwischen Service Providern und reinen Vertriebsunternehmen besteht darin, daß zwischen dem Service Provider und dem Endkunden eine Vertragsbeziehung besteht, während ein Vetriebsunternehmen eine solche Vertragsbeziehung lediglich vermittelt.
Im Festnetz sind Service Provider relativ selten, weitaus verbreiteter sind die sogenannten Switchless Reseller (Wiederverkäufer ohne eigene Vermittlungstechnik). Das am häufigsten angebotene Produkt ist Preselection (Abb. 3). Ebenso wie Service Provider bieten Switchless Reseller die Produkte von Netzbetreibern an, im Gegensatz zu Service Providern jedoch unter eigener Marke. Daher trägt der Switchless Reseller nicht direkt

zum Marktanteil des Netzbetreibers bei, vielmehr steht er mit ihm im Wettbewerb. Aus diesem Grund sind auch Beziehungen von Switchless Resellern zu Netzbetreibern, die selbst im Endkundenmarkt auftreten, relativ selten und werden nur in den Fällen geschlossen, wenn der Reseller eine Marktnische angeht, die für den Netzbetreiber selbst nur schwer erreichbar ist. Die weitaus meisten Switchless Reseller arbeiten mit Netzbetreibern, die ausschließlich im Wholesale-Markt anbieten und somit nicht mit ihren eigenen Resellern im Wettbewerb stehen.

Die nächste Ausbaustufe eigener Infrastruktur besteht in einer eigenen Vermittlungseinrichtung (Switch), die ausschließlich an Netze anderer Betreiber angeschlossen ist. Wenn der Switch nicht direkt mit dem Netz der Deutschen Telekom AG verbunden ist, so ist ein Betrieb nicht an den Erwerb eine Telekommunikationslizenz gebunden. Den Betreiber nennt man dann Switchbased Reseller. Er hat sowohl bei der Zuführung des Verkehrs zu seinem Switch als auch bei der Terminierung die Möglichkeit, unter mehreren Netzbetreibern zu wählen. Hierdurch läßt sich eine einseitige Abhängigkeit von einem Netzbetreiber vermeiden und eine günstigere Kostensituation herbeiführen. Insbesondere, wenn der Reseller einen hohen Anteil von Auslandsgesprächen vermittelt, kann sich die Investition in den eigenen Switch rasch auszahlen.

Die folgende Infrastrukturstufe stellen die sogenannten Verbindungsnetze dar. Ein Verbindungsnetz hat – vereinfacht beschrieben – die Aufgabe, das Ortsnetz des Anrufers mit dem Ortsnetz des Angerufenen zu verbinden. Die meisten Anbieter im Festnetz, die eigene Netze betreiben, sind Verbindungsnetzbetreiber (VNB). Sie besitzen eine entsprechende Lizenz, eine eigene 5- oder 6-stellige Netzbetreiberkennzahl und haben ihre Netze mit den Ortsnetzen der Deutschen Telekom AG verbunden. Die Deutsche Telekom AG führt die Telefongespräche vom Telefonanschluß des Kunden in das Verbindungsnetz und (bei Festnetztelefongesprächen innerhalb Deutschlands) aus dem Verbindungsnetz heraus zu angerufenen Teilnehmer. Der VNB spart den langwierigen, kostenintensiven Aufbau eigener Ortsnetze. Dafür zahlt er der Deutschen Telekom AG die von der Regulierungsbehörde festgelegten sogenannten Interconnect-Preise. Ein Verbindungsnetz ist die Voraussetzung, um Call-by-Call anbieten zu können.

In den ersten Monaten der Marktliberalisierung war es möglich, sich auf Basis eines einzigen Switches direkt mit der Deutschen Telekom AG zusammen zu schalten und so in den Genuß der Interconnect-Tarife zu kommen. Dies wurde damals von Mobilcom genutzt, um mit geringen Investitionen schnell am Markt aktiv werden zu können. Inzwischen wurde erkannt, daß diese Möglichkeit die Unternehmen davon abhält, in die eigene Infrastruktur zu investieren.

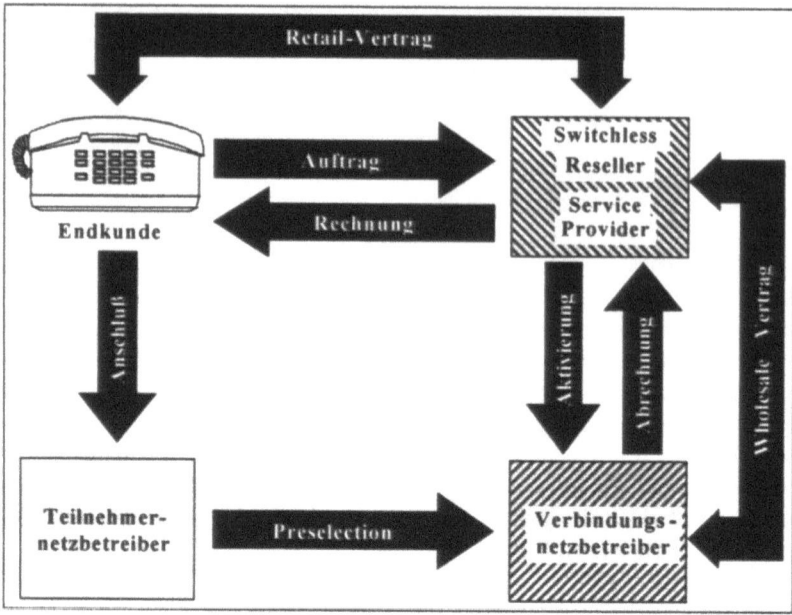

Abbildung 3: Geschäftsmodell Switchless Reseller

Daher wurde der Deutschen Telekom AG von der Regulierungsbehörde gestattet, vom Verbindungsnetzbetreiber den Betrieb mehrerer Switches und Verbindungspunkte zwischen dem Verbindungsnetz und dem eigenen Netz (Points of Interconnect, POI) zu verlangen.

Die Switches eines VNB können entweder über gemietete oder eigene Leitungen untereinander verbunden sein. Nur wenige Anbieter sind tatsächlich Eigentümer der Leitungen. Die Verlegung der Leitungen wurde meist von Unternehmen übernommen, die andere Versorgungsnetze betreiben und damit über die erforderlichen Wege verfügen. Hier sind Strom- und Gasleitungsnetze ebenso zu nennen wie das Schienennetz der Deutschen Bahn AG. Die Bedeutung der Telefonleitungsnetze für den Geschäftserfolg wurde jedoch stark überschätzt. So haben sich die Energieversorger RWE und VEBA, die Anfang 1998 noch bei o.tel.o und E-Plus stark engagiert waren, inzwischen weitgehend aus dem Endkundengeschäft zurückgezogen.

Eine besondere Stellung unter den Anbietern von Festnetztelefonie kommt den Teilnehmernetzbetreibern zu. Das Teilnehmernetz umfaßt nämlich die Telefonanschlüsse in den Wohnungen und Büros der Telefonkunden. Das umfangreichste Teilnehmernetz betreibt die Deutsche Telekom AG, aber die Mehrzahl der Verbindungsnetzbetreiber unternimmt Anstrengungen, um selbst in den Besitz der Teilnehmeranschlüsse zu kommen. Alle

Call-by-Call-Anbieter haben die Erfahrung gemacht, daß ihr Produkt leicht austauschbar ist und ihre Kunden daher wenig treu. Der Direktzugang zum Teilnehmeranschluß über ein eigens Teilnehmernetz verspricht eine Reihe von technischen Möglichkeiten, aus denen sich Produkte mit stärkerer Differenzierungsmöglichkeit erzeugen lassen. Daher bieten mehr als die Hälfte der Netzbetreiber ihren Kunden bereits einen eigenen Telefonschluß an.

3.1.2 Erscheinungsbild im Endkundenmarkt

Das Erscheinungsbild eines Anbieters wird am Besitz einer eigenen Marke identifiziert.

Reine Vertriebsunternehmen wie etwa Handelsunternehmen bieten Produkte an, die von anderen produziert werden und im Allgemeinen auch deren Marken tragen. Sie sind in den oben genannten Anbieterzahlen nicht berücksichtigt.

Service Provider bieten ihre Leistungen stets im des Co-Branding an. Die angebotenen Produkte tragen sowohl den Markennamen des Netzbetreibers als auch den des Service Providers.

Alle anderen im Endkundenmarkt aktiven Anbieter pflegen einen eigenen Markennamen und damit eine eigene Identität im Endkundenmarkt.

Eine besondere Erwähnung verdienen die Wholesale9-Anbieter im Telekommunikationsmarkt, die die Rolle der Zulieferer für andere Anbieter spielen. Sie sind überhaupt nicht im Endkundenmarkt präsent, ihre Produkte werden unter anderen Marken angeboten.

Auch Anbieter von Basisprodukten in den Telekommunikations-Wholsale-Märkten (Vermittlung von Minuten anderer, Bereitstellung von Leitungskapazität für andere) treten auf dem Endkundenmarkt nicht mit eigener Marke auf und sind dort weitgehend unbekannt. Trotzdem besitzen sie häufig Netze von beträchtlichem Umfang. Sie können daher die Vermittlung von Telefongesprächen im Ausland so günstig anbieten, daß es sich für andere Anbieter auszahlt, diese Leistungen bei den Wohlesale-Carriern zuzukaufen. Eine ähnliche Situation gilt nicht nur bei der Gesprächsvermittlung, sondern auch beim Transport der Gespräche zwischen den Vermittlungseinrichtungen. Nur die wenigsten Anbieter verfügen tatsächlich über eigene Leitungen in Form von Kabeln oder Glasfasern.

---

9 Wholesale = Großhandel

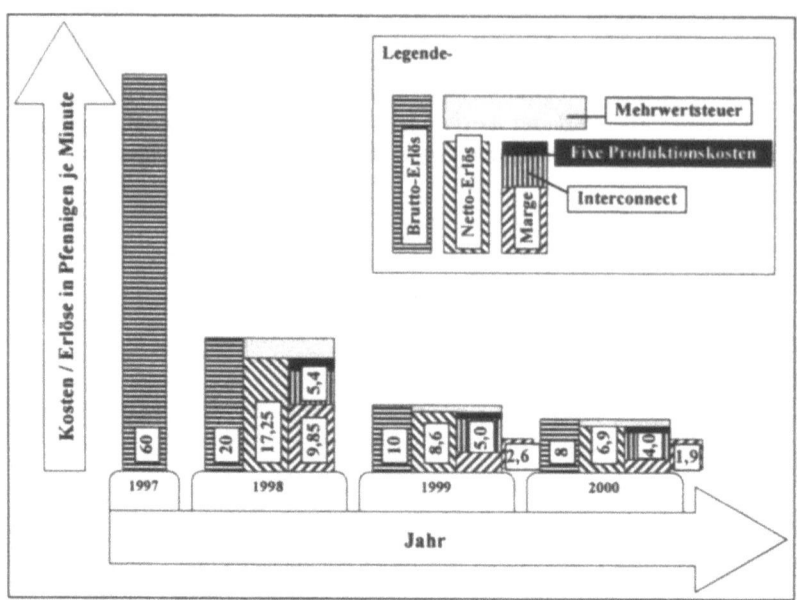

Abbildung 4: Verfall der Preise und Margen bei Ferngesprächen in Deutschland

3.2 Chancen der Marktteilnehmer im Wettbewerb

Die „Rohstoffkosten", also die Kosten für eine Telefonminute, stellen einen erheblichen Teil der Gesamtkosten einer privaten Telefongesellschaft dar. Da für Verbindungsnetzbetreiber diese Kosten direkt von den Interconnect-Gebühren abhängen (Abb. 4), die durch den Regulierer festgelegt und damit für alle Marktteilnehmer gleich sind, haben derzeit Kostenführerstrategien wenig Chancen im breiten deutschen Telekommunikationsmarkt[10].

Diese Situation ändert sich jedoch mit wachsendem Bedarf an Bandbreite zum Endkunden durch immer mehr und immer komplexere Internet-Dienste. Hier werden diejenigen Anbieter einen erheblichen Kostenvorteil verzeichnen können, die eine direkte Kabelverbindung zum Kunden haben, denn die übertragbare Bandbreite der Telefonleitungen liegt bei weitem über der, die für reine Sprachtelefonie erforderlich ist.

Kostenführerschaft als Wettbewerbsstrategie spielt im breiten Telekommunikationsmarkt in Deutschland derzeit kaum eine Rolle, wenngleich die Reduktion der Kosten an-

---

[10] Eine grundlegend andere Situation finden wir im internationalen Telefoniegeschäft vor, siehe Abschnitt „Nischen im Carrier-Markt".

gesichts der stark gefallenen und noch fallenden Preise eine zentrale Bedeutung für den Unternehmenserfolg hat.

Die Chancen, dem Wettbewerb durch Differenzierungs- und Nischenstrategien zu begegnen, sind allerdings weitaus vielfältiger. Sie hängen jedoch stark von dem Typ des Anbieters und den jeweiligen Zielsegmenten ab.

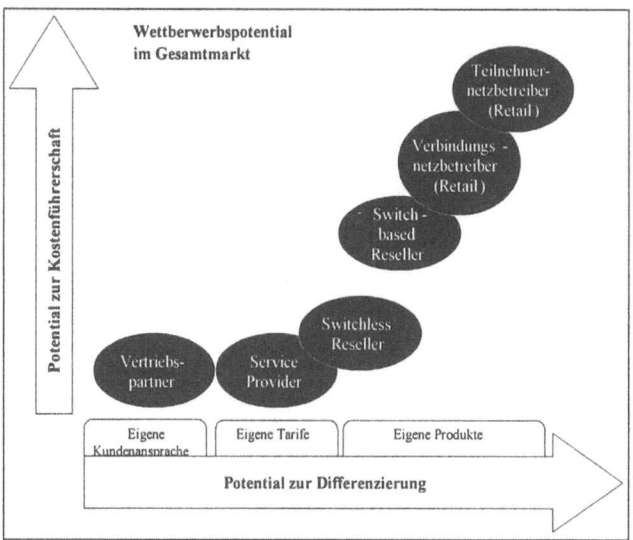

Abbildung 5: Wettbewerbsstrategien für Telekommunikationsanbieter im Gesamtmarkt

3.2.1 Wettbewerb im Gesamtmarkt

Der gesamte realisierte Umsatz im gesamten Telekommunikationsmarkt wird dominiert von den drei Basisprodukten:

- Festnetztelefonie
- Mobiltelefonie
- Internet-Zugang

Dies gilt – wenn auch in unterschiedlicher Gewichtung – für die drei Basissegmente

- Privatkunden,
- Geschäftskunden,
- Großkunden.

Die Wettbewerbschancen der Marktteilnehmer bei Differenzierungs- und Kostenführerschaftsstrategien zeigt Abbildung 5. Vertriebsunternehmen spielen im Gesamtmarkt eine herausragende Rolle als der wichtigste Vertriebskanal der privaten Anbieter. Allerdings können sie sich selbst nicht als Anbieter profilieren, denn sie haben weder Kontrolle über die Produkte noch über die Kosten.

Service Provider sind aufgrund des Co-Branding sehr eng an die Produkte der Netzbetreiber gebunden, können jedoch diese Produkte zu eigenen Tarifen anbieten und sich dadurch etwas differenzieren. Switchless Reseller haben eine wesentlich geringere Bindung an die Netzbetreiber und können verschiedene Produkte verschiedener Netzbetreiber gleichzeitig anbieten und insbesondere zu Bündelprodukten zusammenfassen. Daher ist ihr Differenzierungspotential höher als bei Service Providern, und sie besitzen eine größere Kontrolle über die Kosten der Produkte.
Sobald ein Reseller über einen Switch verfügt, kann er alle auf dem Netzbetreibermarkt verfügbaren Produkte einkaufen und beliebig kombinieren. Zudem besitzt er viele Gestaltungsmöglichkeiten eines Netzbetreibers und verfügt aufgrund der vielfältigen Einkaufsmöglichkeiten über eine günstige Kostensituation. Ihm bleibt allerdings der Zugang zu offenem Call-by-Call mit eigener Netzbetreiberkennung verwehrt.

Dies ist den Verbindungsnetzbetreibern vorbehalten. Zusätzlich ermöglicht ein eigenes Verbindungsnetz den kostengünstigen Betrieb interessanter Produkte, insbesondere im Bereich der Mehrwertdienste.

Teilnehmernetzbetreiber schließlich können ihren Kunden auch breitbandige Zugangsdienste wie etwa schnellen Internetzugang bieten und sich dadurch erheblich von allen anderen Anbietern abheben.

Differenzierung und Nischenstrategien im Telekommunikationsmarkt

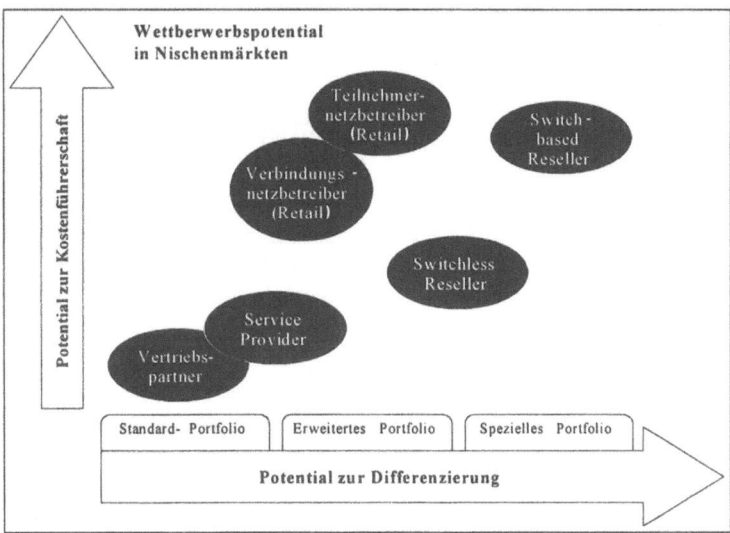

Abbildung 6: Wettbewerbsstrategien für Telekommunikationsanbieter in Nischenmärkten

3.2.2 Wettbewerb in Nischenmärkten

Wenn man die Betrachtung der Wettbewerbschancen einzelnen Anbietertypen auf bestimmte Nischenmärkte einschränkt, so ergibt sich ein völlig anderes Bild (Abb. 6).

Netzbetreiber investieren in die Infrastruktur, um die genannten Basisprodukte zu günstigen Kosten und mit akzeptabler Qualität herstellen zu können. Damit sich diese Investitionen auszahlen, müssen die Netze rasch mit großen Verkehrsmengen belastet werden. Hierfür sind ihre Netze optimiert. Dies macht es für Netzbetreiber schwer, die speziellen Produkte für Nischenmärkte ebenso günstig produzieren zu können.

Allerdings besitzen Netzbetreiber im Gegensatz zu Service Providern eine Chance, durch entsprechende Erweiterungen des Standard-Produktportfolio in Nischenmärkte einzudringen. Einige Nischen bleiben jedoch den Netzbetreibern aufgrund der Größe und Komplexität ihrer Organisation verschlossen, in die dann Reseller eindringen können. Das größere Differenzierungspotential besitzen hier wiederum die Switchbased Reseller, da sie die größere Kontrolle über die Infrastruktur besitzen.

4. Beispiele für Differenzierung im Gesamtmarkt

4.1 o.tel.o: Produkt- und Imagespezialist

Bei Start der Marktliberalisierung im Festnetz am 1.1.1998 setzte o.tel.o als einziger der großen Anbieter ausschließlich auf die feste Kundenbeziehung durch Preselection. Alle anderen boten neben Preselection auch das offene Call-by-Call an (z.B. Arcor) oder setzten sogar ausschließlich auf Call-by-Call und nahmen erst später Preselection in das Produktportfolio auf (Mobilcom).

Die Anbieter, die sich zunächst auf Call-by-Call konzentrierten, profitierten von der anfänglichen Verunsicherung insbesondere im Konsumentenmarkt: Viele Privatkunden scheuten – zusätzlich irritiert durch entsprechende Warnungen in den Medien - die feste Bindung an einen bestimmten Anbieter. Hierzu dürfte auch die damalige Politik der Mobilfunkanbieter beigetragen haben, auf langen Vertragslaufzeiten und einer Grundgebühr zu bestehen. Dieses Problem war zwar für Festnetzkunden aufgrund der fehlenden Endgeräte-Subventionierung nicht gegeben, hat aber sicherlich zur Verunsicherung der Verbraucher beigetragen und die Rolle der neuen Festnetzanbieter verzerrt dargestellt. Eine weitere Hürde, die den erwarteten Erfolg von Preselection-Produkten verhinderte, war die sogenannte „Wechselgebühr". Darunter verstand man eine Gebühr, die die Deutsche Telekom AG erhob, wenn ein Anschlußnehmer seinen Anschluß fest auf eine private Telefongesellschaft voreinstellen lassen wollte. Viele Interessenten waren unsicher, ob sie für diese Gebühr selbst aufkommen mußten, oder ob ihr neuer Anbieter diese Gebühr übernahm.

Die Call-by-Call-Anbieter jedoch generierten schnell Umsätze, und auch o.tel.o zog rasch mit einem Call-by-Call-Produkt nach, favorisierte aber nach wie vor den Preselection-Service. Gleichzeitig wurde die bereits 1997 begonnene Imagekampagne intensiv fortgesetzt.

Trotz eines verspäteten Starts aufgrund technischer Probleme erst im März 1998 (Preselection) besaß o.tel.o im Frühjahr 1998 die höchste Markenbekanntheit unter allen privaten Telefongesellschaften. Das wurde durch eine enorme öffentliche Präsenz erreicht, wie z.B. durch Bandenwerbung in Fußballstadien. Auch die sympathische Ansprache durch die Fernsehkampagne, bei denen Normalbürger mit ihren Alltagsproblemen – besonders bekannt: das verliebte Mädchen - im Mittelpunkt standen, hat einen Beitrag zur Bekanntheit der Marke geleistet. Umfragen zufolge gaben die meisten Privatkunden o.tel.o eine klare Präferenz unter allen privaten Telefongesellschaften. Diese Kommunikationspolitik zahlte sich aus, denn mit unterdessen mehr als einer Million Preselection-Kunden hat o.tel.o seine Marktführerschaft erfolgreich verteidigt und verfügt über den größten Stamm von Kunden mit einer festen Kundenbindung an das Unternehmen.

4.2 One-Stop-Shopping und Produktbündelung

Alle Telefongesellschaften erkennen die Notwendigkeit, alle drei Hauptproduktlinien Festnetz, Mobilfunk und Internet aus einer Hand anzubieten. Ziel dieses als „One-Stop-Shopping" bekannten Angebotes ist es, sich als Vollsortimenter darzustellen und das hierdurch entstehende Differenzierungspotential zu nutzen, um die Kunden langfristig zu binden. Dieser Trend zeigt sich auch in einer Umfrage unter den Managern deutscher Telefongesellschaften11. Mehr als 75% der Befragten halten „das Angebot von Festnetz, Mobilfunk und Internet aus einer Hand für den Erfolg des Unternehmens" für wichtig. Auf die Frage, welche unternehmerische Herausforderung in der Branche das eigene Unternehmen im Jahr 2001 am meisten beschäftigen werden, wurde die Antwort „Kundenbindung" mit 9,3% am häufigsten genannt – doppelt so häufig wie „Kundengewinnung".

Die Attraktivität des One-Stop-Shopping zeigt sich auch darin, wie unterschiedlich die Unternehmen sind, die das komplette Produktportfolio anbieten:

- Die Deutsche Telekom, Mannesmann (D2 und Arcor) und Viag besitzen jeweils Zugriff auf eigene Infrastruktur für Festnetz, Mobilfunk und Internet. Damit ist das komplette Produktportfolio auf natürliche Weise gegeben.
- Viag Interkom war von Anfang an stark auf den Privatkundenmarkt fokussiert und revolutionierte den Markt mit dem – bislang einzigartigen – Verbundprodukt Genion. Ein Internet-Produkt komplettierte rasch das Portfolio. Der Erfolg des Produktes führt dazu, daß Viag Interkom über die Einstellung des eigenen Preselection-Produktes nachdenkt.
- O.tel.o besitzt selbst die Infrastruktur für Festnetz und Internet. Aufgrund der mehrfach veränderten Besitzverhältnisse (o.tel.o besaß zwischenzeitlich eine Mehrheit am Mobilfunknetzbetreiber E-Plus, mußte sich nach der Übernahme durch Mannesmann im Frühjahr 1999 jedoch davon trennen) gelang es erst im Herbst 2000, als Service Provider von Mannesmann D2 sein Produktportfolio durch ein Mobilfunkprodukt zu vervollständigen.
- Debitel, D-Plus oder Victor Vox treten sowohl im Mobilfunk als auch im Festnetz und im Internet als Service Provider bzw. Switchless Reseller auf. Auch auf diese Weise können sie auch als Vollsortimenter auftreten.

Der Kundennutzen von One-Stop-Shopping besteht potentiell darin, einheitliche Ansprechpartner zu besitzen. Dies ist jedoch nur teilweise gewährleistet. So vertreibt die DTAG zwar alle Produkte über ihre T-Punkte, tatsächlich handelt es sich aber um Produkte der drei Unternehmen DTAG, T-Mobil und T-Online. Dies führt z.B. dazu, daß der Nutzer drei unterschiedliche Kundendienstorganisationen in Anspruch nehmen muß.

---

11 Mummert + Partner, TELCO Trend 2000

Trotzdem aber werden Festnetztelefonie und Nutzung von T-Online auf der gleichen Rechnung dargestellt.

Ein weitaus höherer Kundennutzen und damit eine noch größere Chance zur Differenzierung besteht in der Produktbündelung. Dann werden dem Kunden nicht nur die Produkte aller drei Sparten einzeln angeboten, sondern ihm als ein einheitliches Leistungsangebot dargestellt.

Der größte Vorteil aus Kundensicht besteht in einer einheitlichen Bedieneroberfläche des Produktportfolio für ihn selbst und in seiner besseren Erreichbarkeit. Beispiele für Funktionsmerkmale von Bündelprodukten sind die Programmierung der Rufumleitung des Festnetzanschlusses vom Mobiltelefon aus oder Versand und Empfang von E-Mails wahlweise vom PC, Fax oder Mobiltelefon. Ein Bündelprodukt kann sich aber auch wirtschaftlich auswirken, wenn die Kunden von einer einheitlichen Rechnung mit gemeinsamer Rabattierung der Umsätze aus Festnetz, Mobilfunk und Internet profitieren.

Ziel der Bündelung aus Unternehmenssicht ist eine noch stärkere Bindung des Kunden an das Unternehmen, als dies durch One-Stop-Shopping alleine möglich ist. Die größte Kompetenz und damit auch die größte Erfolgschance besitzen diejenigen Anbieter, die alle drei Produktlinien auf eigener Infrastruktur anbieten können und sich somit schon als Vollsortimenter darstellen.

Trotzdem ist es bislang keinem Anbieter wirklich gelungen, alle drei Basisprodukte so zu bündeln, daß sich tatsächlich der gesamte mögliche Zusatznutzen für den Kunden einstellt. Ein Zusammenwachsen der drei Produktbereiche wird nämlich erschwert durch technische und operative Probleme. So ist bis heute keine endgültige Konvergenz der Endgeräte für Festnetztelefonie, Mobilfunk und Internet gegeben.

Ein höherer Integrationsgrad ist erkennbar, wenn man sich auf Bündelungen von Festnetz- und Mobilfunkprodukten einschränkt. Den derzeitigen Stand der Entwicklung von sogenannten Fest-Mobil-Konvergenzprodukten sieht man an folgender Übersicht, die einige Beispiele darstellt:

	Viag Interkom	Deutsche Telekom		Mannesmann Mobilfunk	o.tel.o
	Genion	T-ISDN mobil	T-ISDN mobil	D2 Twinstar	o.tel.o Mobil
Festnetzleitungen	1	2	2	Analog:1 ISDN: 2	Analog:1 ISDN: 2
Endgeräte	Spezielles GSM-Telefon	Festnetztelefon plus Mobiltelefon	GSM/DECT- Dual-Mode- Telefon	Festnetztelefon plus Mobiltelefon	Festnetztelefon plus Mobiltelefon
Umschaltung Festnetz-Mobilfunknetz	Automatisch		Automatisch		
Rufnummern	Festnetz und Mobilfunk getrennt	Eine Rufnummer (Festnetznummer)	Eine Rufnummer (Festnetznummer)	Eine Rufnummer möglich	
Erreichbarkeit	Automatische Rufumleitung	Manuelle Steuerung der Rufumleitung	Automatische Rufumleitung	Manuelle Steuerung der Rufumleitung	Manuelle Steuerung der Rufumleitung
Preisvorteil		Intern-Tarif	Intern-Tarif	Intern-Tarif	Intern-Tarif

Tabelle 1: Übersicht Fest-Mobil-Konvergenzprodukte

5. Beispiele für Nischenanbieter

5.1 Reseller im SOHO/SME-Markt

Etwa ein Drittel der Telefonieanbieter im Festnetz sind Reseller oder Service Provider. Viele dieser Anbieter suchen ihren Erfolg fernab des besonders scharf umkämpften hochvolumigen Privatkundenmarktes in einer Fokussierung auf den Markt der kleineren Geschäftskunden, den sogenannten SOHO-Markt (Small Office and Home Office) und SME-Markt (Small and Medium Enterprises).
Die Attraktivität dieses Marktes im Vergleich zum Konsumentenmarkt ist durch verschieden Faktoren gegeben. Eins der größten Probleme des Konsumentenmarktes aus Sicht der Anbieter ist die Deckung der Kosten für die Gewinnung eines Neukunden.

Während im Privatkundenmarkt Call-by-Call nach wie vor eine Alternative darstellt und auch von Preselection-Kunden genutzt wird, setzen SOHO/SME-Kunden Call-by-Call selten ein, sondern ziehen bequemere Preselection vor. Ein Anbieter, der einen solchen

Kunden gewinnt, kann also davon ausgehen, vom gesamten Telefonumsatz des Kunden zu profitieren. Da der gesamte Monatsumsatz der Geschäftskunden deutlich höher ist als bei einem typischen Privatkunden, rechnet der Anbieter mit einem nochmals höheren Umsatz. Schließlich ist das Inkasso-Risiko bei Geschäftskunden deutlich geringer ist als bei Privatkunden, so daß auch der Kostenanteil für Billing und Inkasso sowie der zu erwartende Umsatzausfall gering bleibt. Somit sind die Akquisitionskosten eines Geschäftskunden schneller gedeckt als die eines Privatkunden.

Dieses Marktsegment ist natürlich auch für die Deutsche Telekom AG und die großen privaten Anbieter attraktiv, und kleine Anbieter sehen sich mit einem erheblichen Wettbewerb konfrontiert. Der Erfolg der Reseller und Service-Provider im SOHO/SME-Markt beruht auf folgenden Stärken:

- Die meist geringe Personalgröße der Reseller gibt den Unternehmen kurze Entscheidungswege und damit eine große Flexibilität und schnelle Reaktionsfähigkeit.
- Da die Reseller fast ohne eigene Infrastruktur arbeiten, fallen überwiegend variable Kosten an. Auch Kapitaldienste für Investitionen entfallen.
- Die Reseller als mittelständische Unternehmen haben häufig ähnliche Strukturen und Kulturen wie ihre Kunden. Dadurch können sie die Bedürfnisse der Abnehmer besser verstehen, schneller erkennen oder sogar vorhersehen.

Dadurch kann der Reseller dem Kunden eine Reihe sinnvoller Angebote unterbreiten:

- Die geringen Fixkosten der Reseller erlaubten es, Ferngespräche, Auslandsgespräche und Gespräche in die Mobilfunknetze zu wettbewerbsfähigen Preisen anzubieten.
- Einen Zusatznutzen konnten die Anbieter durch kundenspezifische Lösungen erzeugen, die größere Anbieter in einem solchen Invidualisierungsgrad höchste Großkunden präsentieren können. Als Beispiel sei ein kundenspezifisches Rechnungsformat mit einer Aufschlüsselung der Telefongebühren entsprechend der Kostenstellenstruktur des Kunden.
- Bereits kurz nach dem Start des Reseller-Marktes zu Beginn des Jahres 1998 wurde das Angebot der Reseller um Service-Rufnummern und Internet-Einwahl erweitert. Hierdurch konnten die Reseller, unter Beibehaltung ihrer bekannten Differenzierungsmerkmale, ein ähnlich komplettes Produktportfolio anbieten wie die Netzbetreiber selbst.

Allerdings ist die beschriebene Nischenstrategie aus verschiedenen Gründen risikoreich. Schon die genannte hohe Zahl von Resellern im SOHO/SME-Markt zeigt, daß in dieser Nische ein erheblicher Wettbewerb herrscht. Hinzu kommt, daß der erhebliche Preisverfall, der 1998 die nationalen und 1999 die internationalen Ferngespräche betraf, es gerade Switchless Resellern erschwert, noch zu wettbewerbsfähigen Kosten produzieren und attraktive Margen erzielen zu können.

In dieser Situation ist zu überprüfen, in welche Richtung der Schwerpunkt der Nische verlagert werden kann. Es bieten sich die Alternativen, das Geschäft entweder zu größeren oder zu kleineren Kunden auszudehnen.

Im Geschäft mit Großkunden haben Reseller einen klaren Wettbewerbsnachteil gegenüber Netzbetreibern. Großkunden haben Anforderungen nach einem – teilweise weltweiten – Corporate Network für Sprachtelefonie und Datenübertragung. Hier sind Reseller meist ohne Kompetenz. Eine Expansion aus der Nische heraus in das Privatkundengeschäft kommt ebenfalls nicht mehr in Betracht. Hier wiegt der Kostennachteil des Resellers noch schwerer, weil sich im Konsumentenmarkt kaum noch Bedarfslücken finden lassen.

Der SOHO/SME-Markt für Reseller ist also ein Beispiel für eine Marktnische von nur kurzer Beständigkeit. Unterdessen haben sich daher schon einige Anbieter aus diesem Geschäftsmodell zurückgezogen, man kann von einer beginnenden Marktbereinigung sprechen. Für die Unternehmen gibt es folgende Alternativen:

- Optimierung der variablen Produktionskosten durch eigene Infrastruktur: Dies ist möglich durch Verkauf des Unternehmens, des Unternehmensbereiches oder des Kundenbestandes an einen Anbieter mit eigener Infrastruktur, durch Zusammenschluß mit einem solchen Anbieter oder durch Aufbau eigener Netzinfrastruktur.
- Optimierung der fixen Betriebskosten durch Wachstum: Beim Zusammenschluß mit einem anderen Reseller oder durch Übernahme eines solchen Anbieters, der eine vergleichbare Nischenstrategie betreibt, lassen sich insbesondere Fixkosten reduzieren.

5.2 Vorausbezahlte Telekommunikationsdienstleistungen

Viele Anbieter von Telefondienstleistungen haben erkannt, dass eine der größten Herausforderungen im Telekommunikationsmarkt darin besteht, das Entgelt für die erbrachte Leistung vom Abnehmer tatsächlich zu realisieren. Insbesondere im Privatkundengeschäft besteht hier eine große Problematik, denn die auf den einzelnen Kunden entfallenden Umsätze und damit auch die Deckungsbeiträge sind relativ gering. Dem steht eine große Anzahl von Kunden gegenüber und damit – gemessen am Umsatz - hohe Kosten für Bonitätsüberprüfung, für Rechnungsstellung und Inkasso. Darüber hinaus besteht in den Bereichen des Privatkundengeschäftes, in denen relativ hohe Minutenpreise erhoben werden – Auslandstelefonie in bestimmte Länder, Mobilfunk und Premium Rate Services – ein erhebliches Betrugsrisiko.

Dieser Problematik kann der Anbieter entgehen, indem er seine Dienstleistungen auf Prepaid-Basis, also gegen Vorauszahlung, anbietet. Damit vermeidet er nicht nur jegliche Kosten für Inkasso und jegliches Inkasso- und Betrugsrisiko. Darüber hinaus erlangt

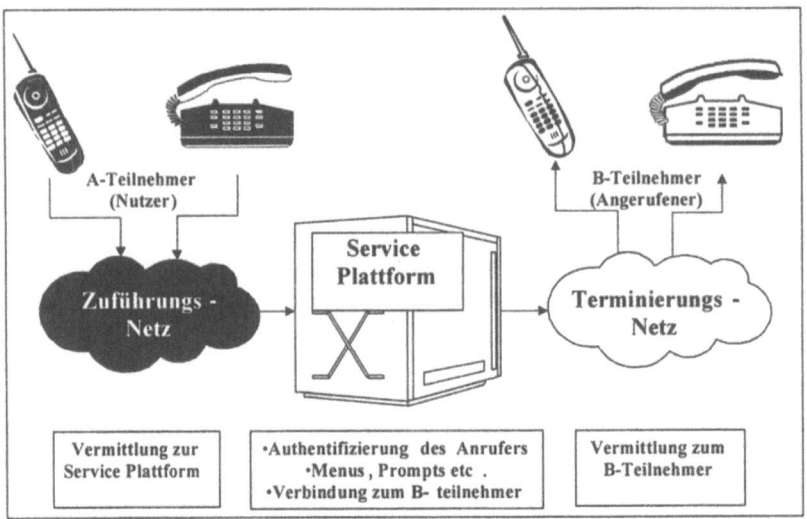

Abbildung 7: Struktur der Telefonverbindungen über eine Service Plattform

er sogar einen erheblichen Liquiditätsvorteil, denn er erhält seine Einnahmen, bevor er seine Leistung erbringt, die Kosten dafür werden aber erst fällig, nachdem die Leistung erbracht wurde. Auch auf der Abnehmerseite besteht eine zunehmende Akzeptanz dieses Geschäftsmodells. Dem Kunden wird die bisweilen unangenehme
Bonitätsprüfung erspart. Bei den meisten Prepaid-Produkten geht der Kunde keine Vertragsbindung mit dem Anbieter ein, so daß er den Anbieter auch jederzeit wechseln kann. Außerdem kann der Kunde die entstehenden Kosten optimal kontrollieren.

5.2.1 Prepaid-Services im Mobilfunk

Die offensichtlichen Vorteile sowohl für den Anbieter als auch den Abnehmer haben zu einem explosionsartigen Wachstum des Prepaid-Marktes im Mobilfunk gesorgt: Mehr als 75% der Mobilfunkneukunden kaufen ein Prepaid-Produkt. Dies sind im Jahr 2000 bereits mehr als 10 Millionen Kunden. Prepaid-Mobilfunk hat sich zum Massenmarkt entwickelt.

Tatsächlich aber hat dieser Massenmarkt als Nische begonnen, und noch Ende 1999 betrug der Prozentsatz bei den Neuzugängen noch unter 20%. Das enorme Wachstum dieses Teilmarktes ist zurückzuführen auf einen teilweise bereits ruinösen Preiskampf, der die einstigen Vorteile für die Anbieter wieder zunichte macht. Um so mehr rücken die prinzipiellen Risiken des Prepaid-Geschäftes in den Vordergrund:

- Keine Kundenbindung: Für den Anbieter ist der Kunde anonym. Er hat daher kaum Möglichkeiten, Maßnahmen zu ergreifen, um den Kunden an sich zu binden. Auch sind preispolitische Instrumente zur Sicherung einer Nachhaltigkeit des Umsatzes – vertraglich garantierte nutzungsunabhängige Entgelte wie Grundgebühr oder Mindestumsatz – nicht anwendbar.
- Technologisch aufwendig: Jede Form von Prepaid-Telefonie erfordert sogenanntes Hot-Billing, d.h. die Telekommunikationsinfrastruktur muß in der Lage sein, in Echtzeit die Kosten eines Gespräches zu ermitteln, daraus das aktuelle Guthaben des Nutzers zu berechnen und gegebenenfalls sogar ein Telefongespräch zu unterbrechen (Abb. 7). Die Komplexität dieser Herausforderung erkennt man daran, daß es einem Mobilfunknetzbetreiber anfangs nicht möglich war, die Gebühr für SMS in Echtzeit vom Guthaben abzuziehen. Auch die späte Einführung des internationalen Roamings für Prepaid-Mobiltelefone ist unter anderem auf technische Probleme zurückzuführen.

Vorteile und Risiken des Prepaid-Geschäftes – verdeutlicht am Mobilfunk – sind auch auf das Festnetz übertragbar. Hierbei können zwei wesentliche Produktsparten unterschieden werden:

5.2.2 Prepaid Preselection

Prepaid Preselection bzw. Prepaid Registered Call-by-Call: Bei diesem in Deutschland noch wenig verbreiteten Produkt wird der Festnetzanschluß des Nutzers beim Anbieter registriert und ggf. sogar auf den Anbieter voreingestellt. Der Anbieter führt für jeden Anschluß ein Konto und verrechnet die geführten Gespräche in Echtzeit. Der Anbieter schließt den Anschluß eines Kunden von der Inanspruchnahme der Leistung aus, sobald das Konto leer ist. Dieses Produkt bietet gegenüber den nicht vorausbezahlten Festnetzprodukten einen Zusatznutzen, wenn der Anschlußinhaber eine volle Kostenkontrolle benötigt.

5.2.3 Prepaid Calling Cards

Calling Cards führen in Deutschland bisher ein reines Nischendasein. Das Produkt zeichnet sich dadurch aus, daß es von jedem Telefonanschluß nutzbar ist und das an diesem Telefonschluß keine Kosten entstehen. Vielmehr erfolgt nach dem Prinzip der zweistufigen Vermittlung zunächst der Zugang zu einem Computersystem durch Wählen einer kostenlosen Telefonnummer. Das Computersystem fordert dann vom Nutzer die Informationen zur Authentifizierung – die sogenannte PIN - und bietet ihm dann ein Freizeichen an. Die Kommunikation zwischen Nutzer und Plattform geschieht über Tonwahlsignale. Dadurch ist die Nutzung einer Calling Card prinzipiell von jedem Telefon der Welt aus möglich – private Festnetztelefone, Mobiltelefone, öffentliche Telefone, Telefone in Hotels oder Organisationen können genutzt werden.

Diese Flexibilität ist aus Anwendersicht einer der großen Nutzenaspekte. Calling Cards wurden in Deutschland bekannt als Möglichkeit für Reisende, auch unterwegs zu telefonieren:

- im Hotel im In- und Ausland ohne die oft sehr hohen Gesprächsgebühren
- in Telefonzellen ohne Kleingeld bzw. systemgebundene Telefonkarten
- vom Mobiltelefon ohne Roaming-Gebühren

Bekannte Produktbeispiele sind die T-Card sowie die o.tel.o-Card. Darüber hinaus bieten zahlreiche Kreditkartenanbieter in Kombination mit der Kreditkarte eine Calling-Card-Funktionalität an. Diese Beispiele sind jedoch meist auf Postpaid-Basis und für den Anbieter wenig attraktiv. Zudem ist die Nachfrage sehr gering. So hat o.tel.o sein Produkt inzwischen vom Markt genommen.

Weitaus interessanter sind Calling Cards auf Prepaid-Basis für den ethnischen Markt: Trotz des Preisverfalls auch in der internationalen Telefonie sind Telefongespräche in bestimmte Länder noch relativ teuer, insbesondere von öffentlichen Telefonen oder Mobiltelefonen. Betroffen sind insbesondere Länder mit schwierigen politischen oder sozialen Verhältnissen, die eine hohe Anzahl von Menschen motiviert, sich vorübergehend oder dauerhaft in Mitteleuropa aufzuhalten. Hier ist für diesen Personenkreis das öffentliche Telefon oder zunehmend auch das Mobiltelefon – meist ausgestattet mit einem Prepaid-Tarif – die einzige Möglichkeit, Telefongespräche zu führen. Prepaid Calling Cards sind in der Nutzung weitaus preisgünstiger, bieten volle Kostenkontrolle und sind leicht erhältlich.

5.3 Werbefinanzierte Telefonie

Der bereits beschriebene Preisverfall für nationale Ferngespräche hat zu einem erheblichen Schwund der realisierbaren Margen geführt. Gleichzeitig ist damit die Zahlungsbereitschaft der Telefonkunden gesunken. Die großen Telefongesellschaften begegnen diesem Problem durch Maßnahmen zur Kostensenkung. Nur wenige – meist kleinere - Unternehmen weichen dem Problem aus, indem sie versuchen, die durch Telefonie entstehenden Kosten durch alternative Einnahmequellen zu decken.

Eine Möglichkeit dazu stellen Werbeeinnahmen dar. Beim Fernsehen ist es längst akzeptiert und wirtschaftlich erfolgreich, Umsatz und Profit aus Werbeeinnahmen zu schöpfen. Das werbefinanzierte Fernsehen wird von den meisten Zuschauern als kostenloses Kommunikationsmedium empfunden.

Werbung kann auch als Einnahmequelle für das Telefonieren erschlossen werden, dadurch wird es für den Nutzer kostenlos und für den Werbetreibenden zu einem Werbemedium.

Im Jahr 1996 startete das schwedische Unternehmen Gratistel mit der in Europa bis dahin völlig unbekannten Produktidee der werbefinanzierten Telefonie. Für die Verbraucher bedeutet dies, kostenlose, durch Werbung unterbrochene Telefongespräche führen zu können. Diesen Service konnten Privatpersonen nutzen, nachdem sie sich für den Dienst angemeldet und dabei umfangreiche Fragen zu ihrer Lebenssituation beantwortet hatten. Entsprechend dem so ermittelten Nutzerprofil wurde die Werbung zielgruppengerecht ausgewählt.

In Deutschland wurde das Prinzip erstmals 1997 durch o.tel.o im Rahmen eines Pilotversuches mit 5000 Teilnehmern aufgegriffen. Allerdings gingen die Aktivitäten trotz des großen Erfolges nicht über den Pilotversuch hinaus. 1998 versuchte mit der Firma Teleflash ein weiteres Unternehmen, werbefinanzierte Telefonie in Deutschland einzuführen. Allerdings wurde dem Anbieter der Betrieb des Angebotes bald untersagt, weil auch der Angerufene die Werbeunterbrechungen am Telefon hörte. Dies war nach Auffassung von Verbraucherschützern nicht vertretbar.

Ende 1999 trat mit der Mox Telecom AG ein weiterer Anbieter werbefinanzierter Telefonie auf. Die Ausprägung des Produktes war grundlegend verschieden von den bisher bekannten: Die Werbespots wurden nicht während des Gespräches vorgespielt, sondern vor Beginn des Gespräches. Dieser Service wird seitdem angeboten und erreichte unterdessen mehr als 250000 angemeldete Teilnehmer.

Seit Mitte 2000 ist in Deutschland auch das Unternehmen adcontact als Lizenznehmer der schwedischen Gratistel aktiv.

Die Akzeptanz von werbefinanzierter Telefonie sowohl bei Nutzern als auch beim Werbekunden ist hoch. Der Nutzer profitiert nicht nur vom kostenlosen Angebot, sondern auch von der zielgruppengerecht eingespielten Werbung, die seinen Bedürfnissen besser entspricht als bei Medien, die die Werbeinfomationen weit streuen. Für die werbetreibenden Unternehmen ist werbefinanzierte Telefonie insbesondere wegen der Qualität der generierten Werbekontakte attraktiv: Aufgrund der zielgruppengenauen Adressierung des Empfängers der Werbebotschaft wird die Werbung sehr effizient. Zusätzlich besteht – ähnlich wie bei Internet-Werbung – die Möglichkeit, die Werbung interaktiv zu gestalten. Zuletzt ist im Gegensatz zu konventionellen Werbemedien die Möglichkeit gegeben, vom Anbieter einen Nachweis über die tatsächlich stattgefundenen Kontakte zu erhalten.

In Deutschland zeigt sich werbefinanzierte Telefonie als echter Nischenmarkt: Das Marktvolumen liegt nach Schätzungen in der Größenordnung von 100 Mio. DM. Dies stellt im Vergleich zum Festnetztelefoniemarkt von etwa 42 Mrd. DM und einem Volumen von ca. 48 Mrd. DM im Werbemarkt nur einen Prozentbruchteil dar. Die Beobachtung des deutschen Werbetelefoniemarktes bestätigt eine auch im Ausland offensichtliche Tendenz: Anbieter von werbefinanzierter Telefonie im Festnetz sind meist kleinere Unternehmen ohne eigene Netzinfrastruktur. Keiner der beiden in Deutschland aktiven Anbieter stellt gleichzeitig klassische Sprachtelefonie bereit. Für große Telefongesellschaften ist werbefinanzierte Telefonie aus verschiedenen Gründen unattraktiv:

- Es muß damit gerechnet werden, dass werbefinanzierte Telefonie die Telefongespräche substituiert, die sonst gegen Bezahlung geführt worden wären (Kannibalisierung).
- Werbefinanzierte Telefonie kann zu einem zusätzlichen Druck auf die Abnehmerpreise führen und so zusätzlich dem Kerngeschäft einer Telefongesellschaft abträglich sein.
- Telefongesellschaften besitzen Marketing- und Vertriebsstrukturen, die optimiert sind für Telefonieprodukt, nicht für Werbung.
- Werbefinanzierte Telefonie erfordert eine spezielle Technologie.

Damit ist das Risiko für die Nischenanbieter, von großen Wettbewerbern aus der Nische verdrängt zu werden, äußerst gering.

5.4 Nischen im Carrier-Markt

Mit der Liberalisierung des Telefonmarktes in Deutschland ist ein neuer, in der breiten Öffentlichkeit wenig bekannter Markt entstanden: der Carrier-Markt. Dieser Markt ist äußerst vielschichtig und umfaßt alle sogenannten Netzdienstleistungen, die erforderlich sind, um Telefonie anzubieten. Die Anbieter auf diesem Markt bedienen folgende Nachfrage:

- Nationale Übertragungsdienste: Nur wenige Telefonnetzbetreiber besitzen tatsächlich eigene Leitungen zwischen ihren Vermittlungseinrichtungen. Statt dessen mieten sie Leitungen anderer Anbieter an, um ihre Switches miteinander zu verbinden.
- Internationale Übertragungsdienste: Für international tätige Telefongesellschaften ist es von Vorteil, eigene länderübergreifende Telefonnetzwerke zu betreiben. Auch hier stellt sich die Aufgabe, die Vermittlungseinrichtungen durch miteinander zu verbinden. Diese Leitungen, wie z.B. die auf dem Meeresboden verlegten Seekabel zwischen dem europäischen Kontinent und Großbritannien oder zwischen Europa und Nordamerika werden meist von Konsortien aus großen Telefongesellschaften installiert, betrieben und wiederum auch an andere Telefongesellschaften vermarktet.
- Vermittlung ins Ausland: Die meisten privaten Telefongesellschaften, die selbst eigene Infrastruktur betreiben, haben zunächst ihre nationalen Festnetze installiert. Trotzdem bieten sie auch Ferngespräche ins Ausland an. Diese Gespräche überge-

ben sie an sogenannten Gateways an andere Anbieter, die dann für die Vermittlung dieser Gespräche zu den ausländischen Zielrufnummern verantwortlich sind.
- Vermittlung in die Mobilfunknetze: Nur die Deutsche Telekom AG ist mit allen deutschen Mobilfunknetzbetreibern verbunden und kann ihnen Gespräche übergeben. In diesem Fall zahlt die Deutsche Telekom AG die von der Regulierungsbehörde festgelegten – relativ hohen – Interconnect-Preise. Die meisten Verbindungsnetzbetreiber übergeben ihre zum Mobilfunk gerichteten Gespräche der Deutschen Telekom AG oder versorgen sich auf dem Carrier-Markt mit Terminierungsmöglichkeiten.
- Resale: Reseller erwerben bei den Netzbetreibern, mit denen sie arbeiten, ein sehr hochwertige Carrier-Dienstleistung, nämlich die Vermittlung des kompletten Telefongespräches vom Anrufer zur Zielrufnummer ins nationale oder internationale Netz. Eine Sonderform hiervon ist das Switchbased Resale, bei dem der Reseller seine eigene Vermittlungseinrichtung in das Netz eines oder mehrerer Netzbetreiber einbindet. Dann zerfällt die Dienstleistung in eine Komponente der Zuführung von Gesprächen zum Switch des Resellers und einer weiteren Komponente der Vermittlung der Gespräche vom Switch des Resellers zur Zielrufnummer.
- Nationale Vermittlung aus dem Ausland: Vor der Liberalisierung des Marktes für Festnetztelefonie in Deutschland konnte ausschließlich die Deutsche Telekom AG Telefongespräche aus dem Ausland zu nationalen Zielrufnummern vermitteln. Seit der Liberalisierung können ausländische Telefongesellschaften die Vermittlung dieser Telefongespräche bei allen lizensierten Netzbetreibern einkaufen, ohne selbst eine Lizenz erwerben zu müssen.

Der gesamte Carrier-Markt hat mit einem Volumen von sieben Mrd. DM und einem Wachstum von 100% pro Jahr kaum noch Nischencharakter und wächst deutlich schneller als der Gesamtmarkt. Der Carrier-Markt erlaubt nämlich neuen Telefongesellschaften einen schnelleren Markteintritt, als dies mit dem Aufbau eigener Infrastruktur möglich wäre. Gleichzeitig profitiert der Carrier-Markt von einer Zunahme
der Gespräche ins Ausland und in die deutschen Mobilfunknetze. Allerdings ist der Carrier-Markt – nicht zuletzt durch die fallenden Endkundenpreise – einem erheblichen Preisdruck ausgesetzt. Dies gilt insbesondere bei internationalen Vermittlungsdiensten innerhalb Europas. So ist die Vermittlung einer Gesprächsminute nach Großbritannien nicht mehr teurer als eine Inlandsminute.

Im Carrier-Markt außerordentlich erfolgreich ist Colt Telecom. Dieses Unternehmen hat sich darauf spezialisiert, eigene Glasfasernetze in den europäischen Metropolen zu installieren und darauf aufbauend eigene Verbindungsnetze zu betreiben. Das Angebot der Colt Telecom richtet sich an Großkunden mit hohem Telefonieaufkommen, die direkt an das Glasfasernetz angeschlossen werden, und an andere Telefongesellschaften, die sowohl Übertragungs- als auch Vermittlungsdienste in Anspruch nehmen können.

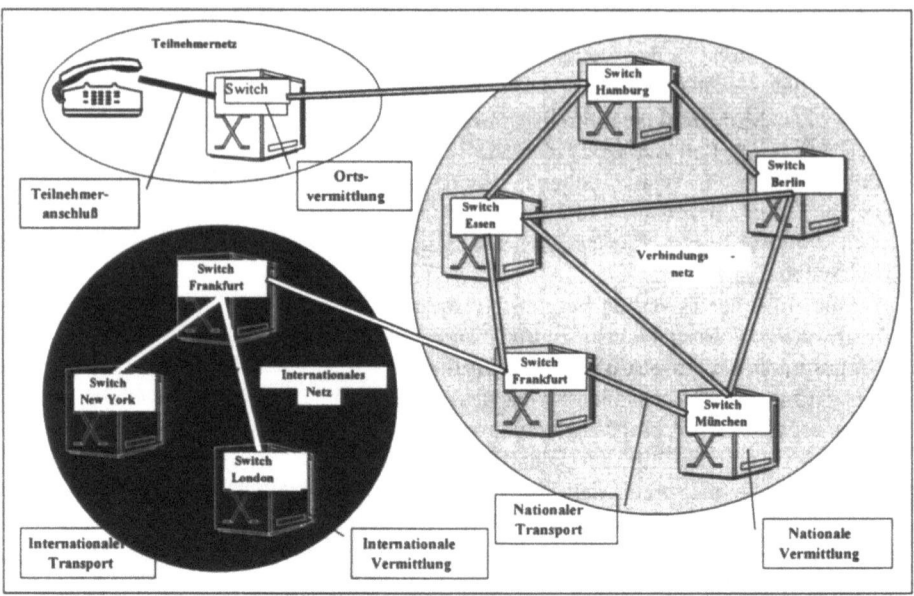

Abbildung 8: Dienstleistungen im Carrier-Geschäft

Ein Nischenmarkt innerhalb des Carrier-Marktes stellt die Vermittlung von Gesprächen in sogenannte hard-to-reach-countries dar. Hierzu zählen viele Länder, in denen die Telefonmärkte noch nicht liberalisiert sind, wie z.B. Indien, Vietnam oder Ghana. Dort gibt es keine lokalen Märkte für die Vermittlung von Gesprächen aus dem Ausland in die jeweiligen nationalen Telefonnetze. Vielmehr verbinden sich die dortigen Monopolgesellschaften fast ausschließlich mit den staatlichen Telefongesellschaften anderer Länder, nicht aber mit privaten Netzbetreibern. Einen Nischenvorteil haben daher diejenigen privaten Telefongesellschaften, denen es gelingt, entsprechende vertragliche Absprachen mit den PTTs der jeweiligen Länder zu treffen. Dazu ist eine genaue Kenntnis der lokalen Gegebenheiten unabdingbar.

Viele Telefongesellschaften bringen ihre Switches nicht in eigenen Gebäuden unter, sondern nutzen den Dienst sogenannter Telehouses. Darunter versteht man Anbieter von Immobilien, die speziell für diesen Zweck konzipiert und gebaut sind. Zu den Besonderheiten der angebotenen Räume gehört, daß dort viele Netzbetreiber präsent sind, so dass eine Telefongesellschaft, die neu hinzukommt, einer Reihe potentieller Partner von vorne herein antrifft. Weiterhin sind Telehouses gekennzeichnet durch technische Besonderheiten, wie z.B. unterbrechungsfreie Stromversorgung, Klimatisierung und besondere Zugangssysteme als Schutz vor unberechtigtem Zutritt.

5.5 Iridium: Beispiel einer gescheiterten Nischenstrategie

Bis heute bieten die Telekommunikationsdienste eine gerätebezogene Kommunikation – im Gegensatz zu einer personenbezogenen Kommunikation: Dabei ist sichergestellt, daß eine Nachricht die Zielperson erreicht – unabhängig davon, über welches Medium die Nachricht abgeschickt wird, und vor allem unabhängig davon, wo sich die Zielperson gerade befindet.

Heutige Telekommunikationsdienste bieten immerhin den Personal Number Service, der es ermöglicht, unter einer mit 0700 beginnenden Telefonnummer stets telefonisch erreichbar zu sein – zumindest im Abdeckungsbereich eines GSM-Netzes. Unified Messaging-Produkte sorgen zusätzlich für eine Unabhängigkeit vom verwendeten Medium: Telefonanrufbeantworter, Fax und E-Mail werden untereinander austauschbar.

Eine weltweite Erreichbarkeit, auch fernab von jeglicher Zivilisation, mit einem einzigen Mobiltelefon, war das Ziel des Iridium-Projektes von Motorola, Sprint, Hewlett-Packard und o.tel.o. Nach Investitionen von etwa fünf Mrd. Dollar sollten 66 Satelliten Sprach-, Daten-, Fax- und Paging-Dienste mit kleinen Endgeräten offerieren.

Moderne Satellitennetze beruhen auf Satelliten mit geringer Flughöhe. Hierdurch werden geringere Sendeleistungen benötigt, was kompaktere Endgeräte ermöglicht. Außerdem verringern sich die Signallaufzeiten zwischen Endgerät und dem Satelliten, was zu einer besseren Sprachqualität führt.

Für international reisende Geschäftsleute wollten neben Iridium auch Globalstar, ICO und Odyssey Services wie Telefonie, Fax, Datenübertragung oder Mehrwertdienste anbieten. Jeder dieser Anbieter rechnete mit einer Million Kunden. Teledesic, Spaceway und Skybridge sollen darüber hinaus Multimedia-Anwendungen, Video-Conferencing und Internet-Access via Satellit ermöglichen.

Trotz dieses Marktvolumens kann bei dem Markt für internationale Satellitentelefonie von einem Nischenmarkt gesprochen werden, denn der Gesamtmarkt ergibt sich in diesem Fall nicht aus einzelnen nationalen Märkten, sondern aus dem Weltmarkt für Telekommunikationsdienstleistungen.

Ebenfalls typisch für einen Nischenmarkt ist die große Expertise der Konsortiumsmitglieder: Nur wenige Unternehmen weltweit besitzen die technologischen und wirtschaftlichen Voraussetzungen für ein derartiges Projekt.

Als erster Dienst dieser Art ging Iridium 1998 in Betrieb. Iridium wollte vor allem auch terrestrische Mobilfunknetze um die internationale Erreichbarkeit erweitern. Aufgrund von Roaming-Verträgen mit den nationalen Betreibern - in Deutschland ist das etwa e-plus - wären Besitzer von mobilen Telefonen weltweit unter ihrer angestammten Nummer erreichbar. Anwender, die einen Vertrag direkt mit Iridium abschlossen, erhielten sogar eine weltweit gültige Vorwahlnummer. Erstmals vergab sogar die ITU einem kommerziellen Dienst eine dem Ländercode vergleichbare internationale Kennung: +8816.

Allerdings wurde bereits 1997 von Experten in Zweifel gezogen, daß die Nachfrage der internationalen Geschäftsreisenden nach einer weltweiten Erreichbarkeit ausreichen würde, um die erheblichen Investitionen zu rechtfertigen. Diese Zweifel stellten sich als berechtigt heraus. Die ersten Satellitentelefonate mit dem Iridium-System waren gegen Ende 1998 geführt worden. Iridium hatte jedoch wegen enormer geschäftlicher Probleme bereits im August 1999 Schutz vor seinen Gläubigern beim Konkursrichter gesucht und schließlich im Frühjahr 2000 den Betrieb einstellen müssen.

Auch der Anbieter ICO befindet sich in wirtschaftlichen Schwierigkeiten, ob der Dienst in Betrieb gehen wird, ist fraglich.

Zur Zeit ist das im Herbst 1999 gestartete Netz von Globalstar der einzige Anbieter von Telefonie über Satelliten im erdnahen Orbit. Nach schleppendem Vermarktungsstart meldet das Unternehmen nun positive Trends für die beiden ersten Quartale dieses Jahres. Als Zeichen steigender Nutzung des Dienstes wertet das Unternehmen, daß bis zum 30. Juni 2000 mit mehr als 100000 mobilen und stationären Satellitentelefonen mehr als doppelt soviele Kunden gewonnen werden konnten wie Iridium jemals besaß. Gleichzeitig konnte vom ersten zum zweiten Quartal das Minutenvolumen auf mehr als 1,1 Mio. Minuten verdoppelt werden. Abnehmer wurden in den Bereichen Schifffahrt, Bergbau, Forschung, Regierung, Energie, Landwirtschaft, Transport und von Such- und Rettungsdiensten.

Der Hauptgrund für das Scheitern von Iridium und ICO die fehlenden Kunden. Iridium hatte auf Millionen Benutzer gehofft und hatte zuletzt nur etwa 55 000 Kunden. Zu hohe Kosten von anfangs 3000 Dollar für die schweren und unhandlichen Satellitentelefone sowie anfängliche extrem hohe Benutzergebühren von sieben Dollar je Minute hielten potenzielle Benutzer von Iridium fern, insbesondere angesichts der Alternativen.

So breitete sich die terrestrische Mobiltelefonie auf GSM-Basis erheblich schneller aus als erwartet und steht heute in mehr als hundert Ländern der Erde zur Verfügung. Um weltweit telefonieren zu können, braucht man entweder ein relativ günstiges Mehrband-Mobiltelefon, oder man erhält das zum Zielland passende Gerät leihweise von seinem nationalen Anbieter.

Gleichzeitig wurden viele über die Sprache hinausgehende Satellitentelefoniedienste durch die flächendeckende Verbreitung des Internet überflüssig. Darüber hinaus stehen die kommerziellen Anbieter von Satellitentelefonie im Wettbewerb mit Non-Profit-Organisationen wie Inmarsat, die seit langem Sprachtelefonie-, Fax- und andere Dienste an jedem Ort der Erde anbieten.

6. Zusammenfassung

Die Erfahrungen der ersten beiden Jahre des liberalisierten Telekommunikationsmarktes in Deutschland haben einen Wettbewerb von unerwarteter Härte hervorgebracht. Die Geschwindigkeit, mit der sich der Wettbewerb bei Fern- und Auslandsgesprächen entwickelt hat, die Intensität des Wettbewerbs und die von den Herausforderern des ehemaligen Monopolisten Deutsche Telekom AG erreichten Erfolge haben viele Marktteilnehmer und Beobachter überrascht.

Die Austauschbarkeit der Angebote hat die beteiligten Unternehmen in einen erbarmungslosen Preiskampf geführt, der für keinen der Beteiligten zu gewinnen ist. Alle Unternehmen der Branche sehen die Notwendigkeit, diesem Preiskampf durch intelligente Wettbewerbsstrategien zu begegnen.

Sie nutzen Möglichkeiten der Differenzierung ihrer Produkte und ihrer Unternehmen. Dabei sind zwei gegenläufige Trends zu beobachten: Anbieter in den Massenmärkten entwickeln sich immer mehr zu Vollsortimentern und manifestieren dies durch One-Stop-Shopping-Konzepte und sinnvolle Produktbündelungen. Dadurch begegnen sie einem der größten Probleme der Branche: der geringen Loyalität der Kunden. Dagegen positionieren sich andere Anbieter in attraktiven Marktnischen, pflegen dort ihr Spezialistentum und weichen so dem Wettbewerb des Massenmarktes aus.

Keine der beiden Strategien bietet jedoch eine Erfolgsgarantie. Eine richtige Differenzierungsstrategie entbindet ein Unternehmen im Massenmarkt nicht von weiteren Maßnahmen zur Kostensenkung und zur Kundenbindung. Die Fixierung auf Nischenstrategien bietet zahlreiche Chancen, aber – wie an einigen Beispielen gezeigt – auch immense Risiken.

7. Literaturverweise

Becker, 1998: Becker, J.: Marketing-Konzeption, 6. Aufl., München 1998
Fritz, v.d. Oelsnitz, 1996: Fritz, W./ Oelsnitz, D. von der: Marketing. Elemente marktorientierter Unternehmensführung, 1. Aufl., Stuttgart 1996
Porter, 1999: Porter, M.: Wettbewerbsvorteile, 5. Aufl., Frankfurt / Main 1999
Mummert + Partner, TELCO Trend 2000: Mummert + Partner Unternehmensberatung AG: Regelmäßige Befragung zu Entwicklungen und Einschätzungen in der Telekommunikationsbranche 2000

Andreas Scharf/Thomas Wolf (Hrsg.)

Fallstudien aus dynamischen Märkten
Telekommunikation – Internetdienste – Energiewirtschaft

2000, VIII, 144 S., Br., DM 58,–
ISBN 3-409-11633-8

Die rasante Weiterentwicklung und der grundlegende Wandel von Absatzmärkten mit hoher Dynamik erfordern eine enge Verknüpfung von marketingtheoretischen Überlegungen sowie strategischen und operativen Entscheidungen in der Marketingpraxis.

In praxisnahen und gleichzeitig wissenschaftlich fundierten Fallstudien behandeln die Autoren aktuelle Marketing-Problemstellungen der Branchen Energiewirtschaft, Telekommunikation und Neue Medien. Die didaktisch und methodisch professionelle Aufbereitung ermöglicht einen Einsatz in unterschiedlichen Lernsituationen. Ein weitgehend identischer Aufbau erleichtert dem Leser die Orientierung. Eine abschließende Darstellung der tatsächlichen Entwicklung zeigt auf, welcher Lösungsansatz in der Praxis gewählt wurde.

„Fallstudien aus dynamischen Märkten" richtet sich an Dozenten und Studenten, die ihr Marketingwissen in aktuellen praktischen Marketingfragestellungen anwenden wollen, sowie an Praktiker, die nach geeigneten Lösungen für relevante Marketingproblemstellungen suchen.

Betriebswirtschaftlicher Verlag Dr. Th. Gabler GmbH · Abraham-Lincoln-Str. 46 · 65189 Wiesbaden

Rolf Weiber (Hrsg.)

Handbuch Electronic Business

Informationstechnologien – Electronic Commerce – Geschäftsprozesse

2000, XXIV, 805 S., Geb. mit Schutzumschlag, DM 198,–
ISBN-13: 978-3-409-11766-1

Der Begriff des Electronic Business steht für die Transformation der Markt- und Unternehmensaktivitäten in die Welt der elektronischen Netze. Da dieser Umbruch jedoch neue Denk- und Verfahrensweisen erfordert, herrscht große Unsicherheit im Hinblick auf die „richtigen" Investitions-, Kooperations-, Qualifikations- und Organisationsentscheidungen. Das Handbuch Electronic Business präsentiert als erstes Grundlagenwerk ein integratives E-Business-Konzept, das Geschäftsmodelle mit klar gegenüber dem Markt kommunizierbaren Wettbewerbsvorteilen, fundierten (Markt-)Strategien und geeigneten Implementierungskonzepten miteinander verbindet. 50 renommierte Autoren aus Wissenschaft und Praxis analysieren, strukturieren und erläutern in 34 Beiträgen zentrale Themengebiete und Problemstellungen des Electronic Business:

- Informationstechnische Grundlagen,
- Elektronische Märkte,
- Marktanalayse,
- Planung, Gestaltung und Kontrolle von Unternehmensprozessen,
- Marktauftritt,
- Branchenspezifische Herausforderungen,
- Geschäftsmodelle,
- Rechtssicherheit und
- u.v.a.m.

Neben den Erkentnissen aus der Wissenschaft, stellen Unternehmen wie IBM, Simon, Kucher & Partners, Karstadt Quelle New Media, Deutsche Bank, Bertelsmann, Kaufhof, dooyoo.de, ricardo.de, yoolia ihre Konzepte zum E-Business vor.

http://www.handbuch-ebusiness.de
ermöglicht einen schnellen Zugriff auf den Inhalt sowie Aktualisierungen und Veränderungen des vermittelten Wissens und bietet eine Plattform zum Erfahrungsaustausch zwischen den Nutzern des Handbuches Electronic Business. Ein Newsletter informiert regelmäßig über Weiterentwicklungen, Veränderungen sowie aktuelle Fragestellungen und Probleme des E-Business.

Fachinformation auf Mausklick

Das Internet-Angebot der Verlage **Gabler, Vieweg, Westdeutscher Verlag, B. G. Teubner** sowie des **Deutschen Universitätsverlages** bietet frei zugängliche Informationen über Bücher, Zeitschriften, Neue Medien und die Seminare der Verlage. Die Produkte sind über einen Online-Shop recherchier- und bestellbar.

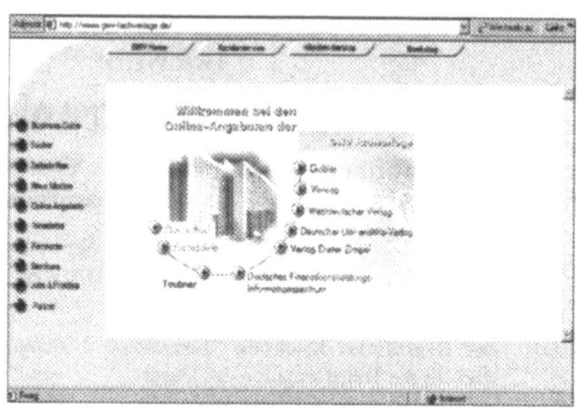

Für ausgewählte Produkte werden Demoversionen zum Download, Leseproben, weitere Informationsquellen im Internet und Rezensionen bereitgestellt. So ist zum Beispiel eine Online-Variante des Gabler Wirtschafts-Lexikon mit über 500 Stichworten voll recherchierbar auf der Homepage integriert.

Über die Homepage finden Sie auch den Einstieg in die Online-Angebote der Verlagsgruppe, so etwa zum Business-Guide, der die Informationsangebote der Gabler-Wirtschaftspresse unter einem Dach vereint, oder zu den Börsen- und Wirtschaftsinfos des Platow Briefes und der Fuchsbriefe.

Selbstverständlich bietet die Homepage dem Nutzer auch die Möglichkeit mit den Mitarbeitern in den Verlagen via E-Mail zu kommunizieren. In unterschiedlichen Foren ist darüber hinaus die Möglichkeit gegeben, sich mit einer „community of interest" online auszutauschen.

... wir freuen uns auf Ihren Besuch!

www.gabler.de
www.vieweg.de
www.westdeutschervlg.de
www.teubner.de
www.duv.de

Abraham-Lincoln-Str. 46
65189 Wiesbaden
Fax: 06 11.78 78-400

MIX
Papier aus verantwortungsvollen Quellen
Paper from responsible sources
FSC® C105338

If you have any concerns about our products,
you can contact us on
ProductSafety@springernature.com

In case Publisher is established outside the EU,
the EU authorized representative is:
**Springer Nature Customer Service Center GmbH
Europaplatz 3, 69115 Heidelberg, Germany**

Printed by Libri Plureos GmbH
in Hamburg, Germany